HOLT SPANISH 2

¡Ven conmigo!®

Cuaderno de gramática

Teacher's Edition
with Overprinted Answers

HOLT, RINEHART AND WINSTON

A Harcourt Classroom Education Company

Austin • New York • Orlando • Atlanta • San Francisco • Boston • Dallas • Toronto • London

Cover Illustration Credit
Eva Vagretti Cockrille

¡VEN CONMIGO! is a trademark licensed to Holt, Rinehart and Winston, registered in the United States of America and/or other jurisdictions.

Printed in the United States of America

ISBN 0-03-064984-6

2 3 4 5 6 7 066 03

Contents

To the Teacher

An important component of language proficiency is accuracy. The *Cuaderno de gramática* is designed to give students more practice in gaining accuracy with the structures, words, and phrases in each **paso** of *¡Ven conmigo!*

The number of worksheets for each chapter is determined by the amount of material in each **paso** that is suitable for additional focused practice.

In general, the activities in each chapter of the *Cuaderno de gramática* target the vocabulary and grammar presented in that chapter. Following the philosophy of the *¡Ven conmigo!* series, the activities may also include grammar and vocabulary that have been recycled from earlier chapters.

Every major grammar concept from the *Pupil's Edition* is re-presented in this workbook so that students have another opportunity to understand these concepts before attempting to practice them again. The functions and functional expressions (**Así se dice**) are not targeted, but the vocabulary used with those functions is practiced selectively as needed. Icons in the **Gramática, Vocabulario,** and **Así se dice** boxes in the *Pupil's Edition* tell students which activities practice these concepts in the *Cuaderno de gramática.*

The activities with overprinted answers are also available as transparencies in the *Teaching Transparencies* binder.

CAPÍTULO 1

Mis amigos y yo

■ PRIMER PASO

To introduce yourself and others, you'll need to use the verb **tener**. To describe people, you'll need to use adjectives and words that express nationality.

¿Te acuerdas? The verb **tener**

The verb **tener** *(to have)* is irregular in the present tense.

yo **tengo**	nosotros **tenemos**
tú **tienes**	vosotros tenéis
él / ella / usted **tiene**	ellos / ellas / ustedes **tienen**

---

1 Enrique is telling his new friend Andrés about his family. Complete his sentences with the correct form of **tener**.

1. Yo _____**tengo**_____ un hermano y dos hermanas.

2. Ésta es mi hermana Ana. _____**Tiene**_____ 21 años.

3. Mis hermanos Carlos y Rebeca no están aquí porque _____**tienen**_____ clase.

4. Ana tiene un carro nuevo, pero Carlos, Rebeca y yo no _____**tenemos**_____ coche.

5. Oye, Andrés, ¿cuántos hermanos _____**tienes**_____ tú?

6. Y tus hermanos, ¿cuántos años _____**tienen**_____?

2 You overhear parts of a conversation between Mr. Robles and his new neighbor Juanita. Complete the missing portions of their conversation. *Answers will vary. Possible answers:*

JUANITA ¿(1) _____**Cuántos años tiene**_____, señor?

SR. ROBLES Tengo 45 años.

JUANITA ¿Tienen hijos usted y su esposa?

SR. ROBLES No, (2) _____**no tenemos hijos**_____. Tienes dos hermanos, ¿no?

JUANITA Sí, (3) _____**tengo dos, Beto y Chacho**_____.

SR. ROBLES ¿(4) _____**Tienen ustedes amigos en Granada**_____?

JUANITA No, no tenemos amigos en Granada.

SR. ROBLES ¿(5) _____**Tienes un carro**_____?

JUANITA No, no tengo carro todavía. Sólo tengo 15 años.

*G*ramática de repaso   Adjective agreement

1. In general, adjectives that end in -**o** are masculine, and adjectives that end in -**a** are feminine.

   Carlos es alt**o** y Cristina es alt**a** también.

2. Adjectives that end in a consonant or with -**e** usually don't change to agree in gender.

   Verónica es jove**n**, fuert**e** y lea**l** *(loyal)*.

3 Mark's friend Linda is moving to his town. He wrote this letter to tell her what to expect in her new high school. Fill in the blanks with the correct form of the adjectives in parentheses.

> Linda,
>
> Hay algunas cosas que necesitas saber. Primero, debes estudiar mucho para la clase de la señora Lee. Su clase es muy **(1)** ____difícil____ (difícil). Atención en la clase de la señora Radke . . . no es muy **(2)** ____simpática____ (simpático). Si estás en el equipo de baloncesto, debes ser muy **(3)** ____atlética____ (atlético) porque el equipo juega por tres horas cada día. Mi profesora favorita es la señorita Hendricks. Es muy **(4)** ____tímida____ (tímido) pero es una profesora **(5)** ____excelente____ (excelente).
>
> *Tu amigo, Mark*

4 How would you describe the following people? Complete each sentence with the correct forms of two adjectives from the word bank.

> inteligente   leal   simpático   moreno
> cariñoso   joven   rubio   alegre   guapo

1. Yo soy *Answers will vary.* _____ .

2. Mi actriz favorita es _____ .

3. Mi actor favorito es _____ .

4. Mi profesora favorita es _____ .

5. Mi mejor amigo es _____ .

*G*ramática de repaso   Adjectives of nationality,
-**dor** adjectives

3. Adjectives ending in -**dor** and adjectives of nationality end in -**a** in the feminine.

Marta es español<u>a</u>. Es muy trabajador<u>a</u> *(hard-working)*.

5 How would you describe these people? Based on the clues given, write a description for each person, using the correct forms of the appropriate adjectives from the word bank.

MODELO   Luisa no trabaja mucho.   **Luisa no es muy trabajadora.**

español	colombiano	mexicano	hablador	italiano

1. Carlos es de México. <u>Es mexicano</u>.

2. Marie-Claire no habla mucho. <u>No es habladora</u>.

3. Andrea es de España. <u>Es española</u>.

4. Giovanni es de Italia. <u>Es italiano</u>.

5. Graciela no es de Colombia. <u>No es colombiana</u>.

*G*ramática de repaso   Plural of adjectives

4. To make an adjective plural, add -**s** if the adjective ends in a vowel or -**es** if it ends in a consonant.

Enrique y Susana son jóven<u>es</u> y muy simpático<u>s</u>.

6 Paola is describing people she met at summer band camp. Complete her descriptions with the correct forms of appropriate adjectives from the word bank.

fuerte	calvo	artístico	viejo	
	hablador		extrovertido	francés

1. Meg y Julie son ingleses. Pero Gus y Karl no son ingleses; son __<u>franceses</u>__.

2. Quiero consejeros *(advisers)* jóvenes pero todos nuestros consejeros son __<u>viejos</u>__.

3. El Sr. Guzmán y el Sr. Cela no tienen mucho pelo. Son casi __<u>calvos</u>__.

4. Franco y Denisa hablan mucho. Son __<u>habladores</u>__.

5. José levanta pesas conmigo. José y yo somos muy __<u>fuertes</u>__.

6. Susan y Donna tocan tres instrumentos y pintan también. Son muy __<u>artísticas</u>__.

Nombre ____________________ Clase ____________ Fecha ____________

VOCABULARIO Nationalities

7 Complete the crossword puzzle with the appropriate words of nationality.

Verticales

1. Una chica de Colombia es ______.
2. Un profesor de Guatemala es ______.
3. Una doctora de Uruguay es ______.
5. Una veterinaria de Honduras es ______.

Horizontales

4. Una mujer del Ecuador es ______.
6. Unos doctores de México son ______.
7. Una profesora de Paraguay es ______.
8. Un dentista de la República Dominicana es ______.

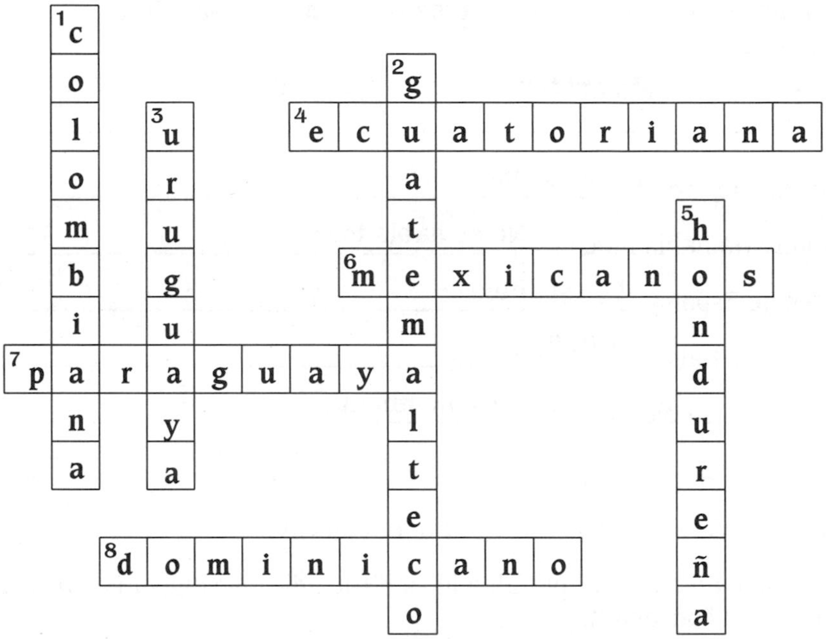

8 Héctor and Celia are trying to think of a famous person from every country in the Americas. Based on Celia's answers, write Héctor's questions.

MODELO HÉCTOR **¿Es mexicano Luis Miguel?**

CELIA Sí, Luis Miguel es de México.

HÉCTOR (1) ¿**Es panameño Rubén Blades**?

CELIA Sí, creo que Rubén Blades es de Panamá.

HÉCTOR (2) ¿**Es estadounidense Tish Hinojosa**?

CELIA ¿Tish Hinojosa? Sí, es de los Estados Unidos.

HÉCTOR (3) ¿**Es cubano Iván Hernández**?

CELIA Sí, Iván Hernández es de Cuba. Es beisbolista, ¿no?

HÉCTOR (4) ¿**Es chilena Isabel Allende**?

CELIA La escritora Isabel Allende . . . sí, es de Chile, creo.

HÉCTOR (5) ¿**Es peruano Mario Vargas Llosa**?

CELIA Sí, tienes razón . . . Mario Vargas Llosa es de Perú.

■ SEGUNDO PASO

To talk about what you and others do, you'll need to use the present tense of regular verbs. You'll also need to use some irregular verbs and the **ir a** + *infinitive* construction.

*G*ramática de repaso   Present tense of regular verbs

In Spanish, the ending of each verb indicates who is doing the action, so you usually don't need to include subject pronouns.

	NADAR	COMER	ESCRIBIR
yo	nad**o**	com**o**	escrib**o**
tú	nad**as**	com**es**	escrib**es**
él / ella / usted	nad**a**	com**e**	escrib**e**
nosotros	nad**amos**	com**emos**	escrib**imos**
vosotros	nad**áis**	com**éis**	escrib**ís**
ellos / ellas / ustedes	nad**an**	com**en**	escrib**en**

9 Miguel Montesinos, a rock star, was interviewed by *Rock 21* about what he does when on tour. Complete the article with the appropriate forms of the verbs in parentheses.

Toco la guitarra y mis compañeros Aidan y Trent

(1)_____**tocan**_____ (tocar) los otros instrumentos. Yo

(2)_____**canto**_____ (cantar) todas mis canciones nuevas. Después

de cada concierto mis compañeros y yo (3)_____**miramos**_____

(mirar) el video del concierto y (4)_____**comemos**_____ (comer)

algo. Por la noche Trent (5)_____**escribe**_____ (escribir) nuevas

canciones.

10 Blanca conducted a video survey of what people do after school. Complete the videoscript with the correct forms of the most appropriate verbs from the word bank.

1. Samira _____**escribe**_____ cartas a sus amigos.

2. Alfonsina y Adriano _____**nadan**_____ en el lago.

3. Evangelina y yo _____**escuchamos**_____ música en la radio.

4. Yo _____**como**_____ un sándwich y _____**tomo**_____ un vaso de leche.

5. Ana, tú _____**asistes**_____ a una clase de ejercicios, ¿no?

6. Todos los estudiantes _____**lavan**_____ la ropa los sábados.

lavar   comer
asistir   tomar
escuchar
escribir   nadar
limpiar

¿Te acuerdas?

The verbs **salir, venir, hacer, ver,** and **ir**

Here are the forms of the irregular verbs **salir, venir, hacer, ver,** and **ir.**

SALIR	VENIR	HACER	VER	IR
salgo	**vengo**	**hago**	**veo**	**voy**
sales	**vienes**	haces	ves	**vas**
sale	**viene**	hace	ve	**va**
salimos	venimos	hacemos	vemos	**vamos**
salís	venís	hacéis	veis	**vais**
salen	**vienen**	hacen	ven	**van**

11 On the way to the school cafeteria, you overhear the following bits of conversations. Complete the conversations using the correct forms of the verbs in parentheses.

AMPARO   Hola, Carlos, ¿qué (1) _____ **haces** _____ (hacer) esta tarde?

CARLOS   (2) _____ **Voy** _____ (ir) al mercado, ¿y tú?

HAROLD   ¿A qué hora (3) _____ **sales** _____ (salir) de tu clase de inglés?

ADRIANA   (4) _____ **Salgo** _____ (salir) a las tres.

BETH   ¿A qué hora (5) _____ **vienes** _____ (venir) a mi casa a estudiar?

EDUARDO   (6) _____ **Vengo** _____ (venir) más tarde, a las siete y media.

VICTORIA   ¿(7) _____ **Ven** _____ (ver) ustedes muchas películas?

BECKY   Sí, (8) _____ **vemos** _____ (ver) una película todos los sábados.

12 Trevor is trying to find out more about a classmate, Marie. Write Marie's negative answers to Trevor's questions.

MODELO   TREVOR   ¿Sales del trabajo muy tarde?   *Answers will vary.*
          MARIE   No, no salgo del trabajo muy tarde.   *Possible answers:*

TREVOR   ¿Vienes temprano *(early)* al colegio?

MARIE   (1) No, no vengo temprano al colegio _____.

TREVOR   ¿Salen mucho tú y tus amigos los fines de semana?

MARIE   (2) No, no salimos mucho _____.

TREVOR   ¿Haces tu tarea en la biblioteca?

MARIE   (3) No, la hago en casa. _____.

TREVOR   ¿Ve tu familia mucho la televisión?

MARIE   (4) No, por lo general no vemos mucho la televisión. _____.

TREVOR   ¿Vas con tu hermana a la fiesta de Gisela?

MARIE   (5) No, no voy con ella. _____.

¿Te acuerdas? ir a + *infinitive*

Use **ir a** + *infinitive* to tell what someone is going to do.

Maribel **va a jugar** al tenis esta tarde.   ¿**Vas a asistir** al partido?

---

13 Virginia is talking about what she and her friends are going to do this weekend. Complete her sentences with **ir a** + *infinitive,* according to the model.

MODELO   Nosotros vamos a jugar al béisbol pero Enrique **va a comer** (comer).

1. Antonio va a ir a la playa pero yo __**voy a estudiar**__ (estudiar).

2. Flavio va a escuchar la radio pero Emiliano __**va a correr**__ (correr).

3. Hans y Greta van a nadar pero José y Margarita __**van a ver**__ (ver) una película venezolana.

4. Fermín y Naoko van a asistir a un concierto pero yo no __**voy a estar**__ (estar) allí.

5. Ann va a bailar pero Tim y yo __**vamos a leer**__ (leer) en la biblioteca.

14 Enrique is telling you what he and his friends usually do on Friday afternoons. Using **ir a** + *infinitive,* rewrite his sentences to tell what he and his friends are going to do next Friday.

MODELO   Escucho la radio. **Voy a escuchar la radio.**

1. Hago la tarea. **Voy a hacer la tarea.**

2. Eva y yo comemos en el Café Triomphe. **Vamos a comer en el Café Triomphe.**

3. Sandra escribe en su diario *(diary)*. **Va a escribir en su diario.**

4. Eladio y Graciela escuchan la radio. **Van a escuchar la radio.**

5. Y tú juegas al tenis. **Y tú vas a jugar al tenis.**

15 Jamal is surveying shoppers to find out what products and services the local mall needs to provide. Based on their responses, write the questions he asked. *Answers will vary. Possible answers:*

JAMAL   (1) ¿ **Va a comprar un televisor, señora** ?

SRA. WARREN   No, no voy a comprar un televisor este año.

JAMAL   (2) ¿ **Cuántas películas van a ver este mes** ?

ANA Y JUAN   Vamos a ver tres películas este mes.

JAMAL   (3) ¿ **Vas a jugar al tenis esta semana** ?

ALBERTO   Sí, voy a jugar al tenis esta semana.

JAMAL   (4) ¿ **Cuándo vas a mandar un fax** ?

SHAUNA   Voy a mandar un fax esta semana.

JAMAL   (5) ¿ **Van a necesitar instrumentos musicales sus hijos este semestre** ?

SR. ARCE   No, mis hijos no van a necesitar instrumentos musicales este semestre.

■ TERCER PASO

To say what you like and don't like, you'll need to use the verb **gustar** and similar verbs with indirect object pronouns.

> ## ¿Te acuerdas? gusta and gustan
>
> - Use **gusta** when you're talking about liking one thing. For more than one thing, use **gustan**.
>
>   A mí me **gusta** el tenis pero a Paul no le **gustan** los deportes.
>
> - With one or more infinitives, use **gusta**.
>
>   Me **gusta** correr y hacer ejercicios aeróbicos.

16 José Luis is talking about what he and his friends like and don't like at school. Complete his sentences with **gusta** or **gustan**.

1. No nos _____gusta_____ la comida de la cafetería.

2. A mí me _____gusta_____ la clase de inglés.

3. No le _____gustan_____ a Héctor las matemáticas.

4. No les _____gustan_____ a Rosaura y a Dennis las clases de literatura.

5. A Carlos le _____gusta_____ tocar un instrumento en la banda.

6. ¿A ti te _____gustan_____ los equipos *(teams)* de la escuela?

7. A José le _____gusta_____ hablar español en su clase de español.

8. A Ana no le _____gustan_____ los ejercicios aeróbicos.

17 Write a sentence in Spanish indicating whether you like or don't like the things or activities mentioned below. *Answers will vary. Possible answers:*

1. la música rock ...(no) me gusta...

2. la comida china ...(no) me gusta...

3. leer y aprender ...(no) me gusta...

4. las legumbres ...(no) me gustan...

5. hablar con mis amigos ...(no) me gusta...

6. escuchar música clásica ...(no) me gusta...

7. asistir a mis clases ...(no) me gusta...

8. ver la televisión ...(no) me gusta...

9. correr ...(no) me gusta...

10. escribir composiciones ...(no) me gusta...

¿Te acuerdas? Indirect object pronouns with **gustar** and other verbs

To indicate who likes or doesn't like something, use the indirect object pronouns **me, te, le, nos, os,** and **les** with verbs like **gustar, encantar, fascinar,** and **chocar.**

Me encanta la música de Luis Rafael.   **Nos** fascina ir al cine.

---

18 Kimiko, Martina, and Mr. Nichols are talking about their likes, dislikes, and interests. Complete their conversation with the missing indirect object pronouns.

KIMIKO   A mí (1) _____me_____ fascina el arte de la América Latina.

¿(2) _____Te_____ gusta a ti, Martina?

MARTINA   A mí no (3) _____me_____ gusta mucho, pero a mi amiga Severina

(4) _____le_____ encanta ver programas sobre el arte en la televisión.

Sr. Nichols, ¿(5) _____le_____ chocan a usted los programas en la televisión?

SR. NICHOLS   Al contrario. A mi familia y a mí (6) _____nos_____ encanta la televisión.

Oigan *(listen)*, ¿(7) _____les_____ gustan a ustedes las películas de

Andrés Galindo?

KIMIKO   Ay, sí, a Martina y a mí (8) _____nos_____ encantan. A nosotras

(9) _____nos_____ gusta mucho su nueva película *Los globos rojos.*

19 Answer the following questionnaire about your family's interests. You can answer positively or negatively. Use verbs like **encantar, fascinar,** and **chocar** in your answers.

Centro de recreo
Tel. 875-35-36

CUESTIONARIO

1. ¿Le gusta a usted visitar museos?
   Answers will vary.
   _____

2. ¿Les gusta a usted y a su familia pasear en bicicleta?
   _____

3. ¿Les gusta a sus hermanos ir a conciertos de música rock?
   _____

4. ¿Le gustan a usted los videojuegos?
   _____

5. ¿Le gustan los deportes a su familia?
   _____

CAPÍTULO 2

Un viaje al extranjero

■ PRIMER PASO

To talk about how you're feeling, you'll need to use the verb **estar** and adjectives.

¿Te acuerdas? The verb **estar**

Remember to use **estar** to describe changing moods and physical conditions.

yo **estoy**	nosotros **estamos**
tú **estás**	vosotros estáis
él / ella / usted **está**	ellos / ellas / ustedes **están**

---

1 Complete this answering machine message with the correct forms of **estar**.

Hola, Vero, ¿qué tal? Habla Maribel. Voy a Chicago mañana y
(1) ___estoy___ muy contenta. Mis padres (2) ___están___ un poco
preocupados pero eso es normal. Ay, tengo mucho que hacer. ¿(3) ___Estás___
ocupada tú? ¿Me ayudas? Pablo no viene a ayudarme porque (4) ___está___
enfermo. Si nosotras no (5) ___estamos___ cansadas, podemos ir a su casa
a las ocho para visitarlo. ¡Chao!

2 Maribel is describing how she and others are feeling. Complete her description according to the model. Remember to use the correct form of the adjective.

MODELO   Juana / estar / contento
Juana está contenta.

1. Robertín / estar / muy aburrido
   Robertín está muy aburrido.

2. Mis padres / estar / triste
   Mis padres están tristes.

3. Yo / estar / nervioso
   Yo estoy nerviosa.

4. Verónica y yo / estar / ocupado
   Verónica y yo estamos ocupadas.

5. Mi padre / estar / enfadado
   Mi padre está enfadado.

---

3 The following people are on vacation. Based on each description, choose the best adjective and write a sentence describing how that person or group feels.

1. Antes de ir a Madrid mañana, Elena necesita comprar muchas cosas, visitar a su abuela e ir al banco.

   (aburrido, ocupado) __Elena está ocupada.__

2. Rafael no está contento. Necesita regresar a Miami pero sus amigos no pueden ir con él.

   (triste, cansado) __Rafael está triste.__

3. José Luis y Alejo no tienen nada que hacer. Están de vacaciones en la playa pero está lloviendo y no pueden salir de la casa.

   (aburrido, contento) __José Luis y Alejo están aburridos.__

4. Nosotros fuimos a los museos esta mañana y esta tarde fuimos al teatro.

   (nervioso, cansado) __Nosotros estamos cansados.__

VOCABULARIO   How people are feeling

4 Unscramble the words to create appropriate captions for the following pictures.

1.   2.   3.   4.

izlfe	rdiimoepd	cdnoeaomio	ed lam ruomh
feliz	deprimido	emocionado	de mal humor

5 These people are waiting for their plane. Write sentences about how they're feeling, using adjectives from the word bank.

> tranquilo   emocionado   triste   aburrido
> ocupado   enfermo   cansado

1. Roberto tiene muchísimas ganas de ver a sus abuelos. Siempre está feliz con ellos.

   __Roberto está emocionado.__

2. Claudia está llorando porque va a Los Ángeles y su perro no puede ir con ella.

   __Claudia está triste.__

3. Mario no tiene nada que hacer. Tiene ganas de hacer algo interesante.

   __Mario está aburrido.__

4. El señor Obregón nunca está preocupado cuando hace un viaje.

   __El señor Obregón está tranquilo.__

5. Miguel y Juana compraron una pizza, dos hamburguesas y papas fritas. También tomaron cuatro refrescos.

   __Están enfermos.__

■ SEGUNDO PASO

To say if something has already been done, you'll need to use adverbs of time, the preterite of regular -ar verbs and of the verb ir, and vocabulary that refers to places around town. To ask for and offer help, you'll need to use the verbs querer and poder.

VOCABULARIO Adverbs of time

6 It's 2 p.m. on Saturday, July 29, and Humberto is getting ready to leave for Puerto Rico. Look at his daily planner and match his activities with the time he did them.

CALENDARIO						
DOMINGO	**LUNES**	**MARTES**	**MIÉRCOLES**	**JUEVES**	**VIERNES**	**SÁBADO**
23	24 comprar boleto ✓	25	26	27 ir al banco ✓	28 7:00 a.m. lavar ropa ✓ 9:00 p.m. hacer maletas ✓	29 9:00 a.m. llamar taxi ✓

_____e_____ 1. Hizo las maletas.   a. ayer por la mañana

_____d_____ 2. Compró su boleto para Puerto Rico.   b. anteayer

_____c_____ 3. Llamó un taxi.   c. esta mañana

_____b_____ 4. Fue al Banco Central.   d. el lunes pasado

_____a_____ 5. Lavó la ropa.   e. anoche

7 Now describe how Humberto got ready for his trip by writing sentences combining the information in the two columns in Activity 6 and putting them in the correct order.

1. **El lunes pasado compró su boleto.**

2. **Anteayer fue al Banco Central.**

3. **Ayer por la mañana lavó la ropa.**

4. **Anoche hizo las maletas.**

5. **Esta mañana llamó un taxi.**

*G*ramática de repaso   Preterite of regular -**ar** verbs

If you want to talk about what happened or what someone did, use the preterite tense. To form the preterite tense of **hablar** or any other regular -**ar** verb, take the stem of the verb (**habl-**) and add these endings:

yo habl**é**	nosotros habl**amos**
tú habl**aste**	vosotros habl**asteis**
él / ella / usted habl**ó**	ellos / ellas / ustedes habl**aron**

8 Complete Humberto's postcard with the correct forms of the verbs from the word bank.

bailar	**tomar**	**llegar**	**bucear**	**regresar**

*Aquí estoy en Puerto Rico con mi familia. Nosotros
(1) __llegamos__ a la isla el sábado a las 9:00 de la noche.
El domingo por la mañana mis padres (2) __bucearon__ en
el Caribe y mi hermana y yo (3) __tomamos__ el sol.
Mi hermana (4) __regresó__ al hotel porque estaba
cansada. Por la noche fui a una fiesta y (5) __bailé__
con unos amigos. Bueno, hoy es lunes y las vacaciones continúan.
¡Qué felicidad!*

Humberto

9 A tour guide is asking Mr. Silva what he and his family did on vacation in Guadalajara. Write his responses using the preterite tense.

MODELO   ¿Fueron a muchos restaurantes?
          Sí, fuimos a muchos restaurantes.

1. ¿Visitaron el mercado Libertad?

   Sí, **visitamos el mercado Libertad** .

2. ¿Tomó usted muchas fotos?

   No, **no tomé muchas fotos** .

3. ¿Mandó usted las postales *(postcards)?*

   No, **no mandé las postales** .

4. ¿Compraron ustedes regalos para sus amigos?

   Sí, **compramos regalos para nuestros amigos**

CAPÍTULO 2 Segundo paso

10 Write questions for the answers below, using **dónde, cuándo, cuánto, qué,** and **cómo**.
Answers will vary. Possible answers:

1. ¿ **Dónde compró/compraste los billetes** _____?

   Compré los billetes en Viajes Somos Nosotros.

2. ¿ **Cuánto pagaron por la maleta Marta y Miguel** _____?

   Marta y Miguel pagaron 26 dólares por la maleta.

3. ¿ **Cuándo hablaron con el tío Martín** _____?

   Nosotros hablamos con el tío Martín anteayer.

4. ¿ **Cómo llegaron a la casa del tío Martín** _____?

   Paula y Esteban llegaron a la casa del tío Martín en autobús.

¿Te acuerdas? The preterite of the verb **ir**

yo **fui**	nosotros **fuimos**
tú **fuiste**	vosotros fuisteis
él / ella / usted **fue**	ellos / ellas / ustedes **fueron**

---

11 Sara and Tomás are retracing their steps trying to remember where Tomás left his wallet. Complete what Tomás says with the correct preterite forms of the verb **ir.**

El sábado pasado nosotros **(1)** ____**fuimos**____ a la casa de Roberto y Éster. A las

doce Sara **(2)** ____**fue**____ al parque con Éster y yo **(3)** ____**fui**____ al

partido de fútbol con Roberto. Después de ir al parque nosotros **(4)** ____**fuimos**____ a

comer al Restaurante Cómelotodo antes de regresar a casa. Después del partido Roberto

(5) ____**fue**____ al trabajo y yo regresé a casa. Ay no, yo **(6)** ____**fui**____ al

café antes de regresar a casa; allí debe de estar.

¿Se te ha olvidado? Places around town

12 Roberto is going to New York to visit his family. Match the places he'll visit with the things that he'll see at each place, and write the matching phrases in the blanks provided.

b. muchos libros	1. la biblioteca	**a.** una película cómica
f. unas tiendas de ropa	2. el centro comercial	**b.** muchos libros
a. una película cómica	3. el cine	**c.** el arte de Botero
c. el arte de Botero	4. el museo	**d.** unos animales exóticos
d. unos animales exóticos	5. el zoológico	**e.** el correo
		f. unas tiendas de ropa

CAPÍTULO 2 Segundo paso

13 Irene is talking about what everyone did last weekend. Indicate where she and her friends went according to the model.

MODELO   Yo vi unos tigres.   Yo **fui al zoológico.**

1. Félix y yo bailamos toda la noche.

Félix y yo **fuimos a un baile** _____

_____ .

2. Flo y Mika mandaron unas cartas.

Flo y Mika **fueron al correo** _____

_____ .

3. Estudié mucho.

Yo **fui a la biblioteca** _____

_____ .

4. Guadalupe y Fernando miraron una película.

Guadalupe y Fernando **fueron al cine** _____

_____ .

5. Y compraste un estéreo, ¿no?

Y tú **fuiste al centro comercial** _____

_____ .

Nota Gramatical — The present tense of **querer** and **poder**

Querer and **poder** are irregular in the present tense.

QUERER		PODER	
quiero	queremos	puedo	podemos
quieres	queréis	puedes	podéis
quiere	quieren	puede	pueden

14 Mario is talking about things he and his friends want to do but can't. Complete the sentences with the correct forms of **querer** or **poder**.

1. Yo **quiero** comprar un videojuego pero no **puedo** porque no tengo dinero.

2. Beti y Lila **quieren** ir al cine pero no **pueden** porque no tienen tiempo.

3. Ron y yo **queremos** correr pero no **podemos** porque estamos cansados.

4. Rafi **quiere** bailar pero no **puede** porque tiene que estudiar.

5. Juan **quiere** levantar pesas pero no **puede** porque está enfermo.

6. Y tú **quieres** dormir ¡pero no **puedes** porque tienes que trabajar!

■ TERCER PASO

To describe your city or town, you might want to use the verb **estar** to say where things are located. You also might want to use weather expressions.

¿Te acuerdas? Using **estar** to indicate location

Use **estar** to tell where people or things are located.

Alfredo y Luisa **están** en el centro comercial.

15 Soraya works for her city's Chamber of Commerce. Using the correct forms of **estar**, complete her telephone conversation with a visitor who has called for information.

SRA. VILLA Buenas tardes, señorita. Mi esposo y yo (1) _____ estamos _____

en su ciudad por tres días pero no sé dónde (2) _____ están _____

muchos lugares. ¿Me puede decir por favor dónde (3) _____ están _____

el correo, el Teatro Colón y el Museo de Arte?

SORAYA Con mucho gusto, señora. ¿En qué hotel (4) _____ están _____ ustedes?

SRA. VILLA Nosotros (5) _____ estamos _____ en el Hotel Marsella.

SORAYA Ah, sí, claro. El Hotel Marsella (6) _____ está _____ en la Calle

Dieciséis. El correo (7) _____ está _____ muy cerca en la Calle

Dieciocho. Y el Teatro Colón y el Museo de Arte (8) _____ están _____

en la Calle Veinticuatro, cerca del Centro Comercial Miraflores.

SRA. VILLA Gracias, señorita. Adiós.

16 How would your best friend ask you ...?

1. where you are

¿ **Dónde estás** _____?

2. where your parents are

¿ **Dónde están tus padres** _____?

3. where the two of you are

¿ **Dónde estamos nosotros** _____?

4. where your car is

¿ **Dónde está tu carro** _____?

5. where his books are

¿ **Dónde están mis libros** _____?

VOCABULARIO Weather expressions

17 Cristina's weekend plans often depend on the weather. Write the letter of the weather expression that corresponds best to each plan.

_____d_____ 1. Voy a esquiar con mi familia.

_____a_____ 2. Voy a ir a la playa con mis amigos.

_____c_____ 3. Voy a caminar con mis amigos.

_____b_____ 4. Voy a mirar una película en casa porque no quiero salir.

a. Hace sol y calor.

b. Llueve mucho.

c. Hace fresco.

d. Hace mucho frío y nieva.

18 Look at the following weather report and tell what the weather is like in the following cities.

Madrid	69° F	Mallorca	96° F
Barcelona	52° F	Pamplona	38° F
Sevilla	75° F	La Coruña	40° F

1. En Sevilla **llueve y hace fresco.**

2. En La Coruña **llueve y hace frío.**

3. En Mallorca **hace sol y calor.**

4. En Madrid **hace sol y fresco.**

5. En Barcelona **llueve y hace frío.**

6. En Pamplona **nieva y hace frío.**

 ¿Se te ha olvidado? Clothing

19 Answer the following questions using appropriate weather and clothing expressions.

1. ¿Qué tiempo hace en tu ciudad en el verano? ¿Qué ropa te pones?

   Answers will vary.

2. ¿Cuándo nieva en tu ciudad? ¿Qué ropa te pones?

   _____

3. ¿Qué tiempo hace en marzo y en abril? ¿Qué vas a llevar?

   _____

4. ¿Qué tiempo hace en septiembre y en octubre? ¿Y qué vas a llevar?

   _____

CAPÍTULO 2 Tercer paso

Nombre _____ Clase _____ Fecha _____

La vida cotidiana

■ PRIMER PASO

To talk about your daily routine, you'll need to use the appropriate vocabulary, reflexive verbs and pronouns, the verb **vestirse,** and adverbs.

VOCABULARIO   Daily routine

1 Write the word in each list that doesn't belong.

1. la ropa, ponerse, quitarse, vestirse, el peine   _el peine_

2. el pelo, levantarse, el cepillo, el champú, el peine   _levantarse_

3. el jabón, despertarse, el despertador, levantarse, acostarse   _el jabón_

4. el jabón, la toalla, vestirse, bañarse, el champú   _vestirse_

2 Diana is explaining her daily routine to her little sister. Complete her explanation using items from the word bank.

> el peine   el champú   el espejo   la pasta de dientes
> me miro   el despertador   la secadora de pelo

1. Me despierto cada mañana cuando suena *(rings)* _el despertador_ .

2. Me baño y me lavo el pelo con _el champú_ .

3. Luego me seco el pelo con _la secadora de pelo_ .

4. Me lavo los dientes después con _la pasta de dientes_ .

5. Luego _me miro_ en el espejo.

¿Te acuerdas?   Personal grooming

3 Mrs. Pastor is reviewing good health and grooming habits with her class. Choose the verb that best completes each sentence and write it in the blank provided.

1. Usan el jabón para _ducharse_ .

2. Deben usar el peine para _peinarse_ .

3. Necesitan usar la pasta de dientes para _lavarse los dientes_ .

4. Las muchachas van a usar un espejo para _maquillarse_ .

5. Y en dos o tres años, los muchachos van a _afeitarse_ .

> afeitarse
> maquillarse
> ducharse
> lavarse los dientes
> acostarse
> peinarse

Gramática   Reflexive verbs and pronouns

1. To describe an action you do to yourself, use reflexive verbs (verbs ending in -se). The reflexive pronoun se can be used with the él, ella, usted, ellos, ellas and ustedes forms.

   Yo me baño a las ocho; luego mis hermanos se bañan.

   ¿A qué hora te bañas tú?

2. Place the reflexive pronoun before the conjugated verb or attached to an infinitive.

   Alfredo se baña a las siete, y luego le gusta afeitarse.

   Vamos a acostarnos a las once.

3. When using a reflexive verb with a part of the body, use a definite article.

   Se lava los dientes todos los días.

4 Natalia is describing her family's daily routine. Complete her description with the correct forms of the verbs in parentheses.

1. Mis padres _____ se despiertan _____ (despertarse) a las cinco.

2. Mi hermana y yo _____ nos levantamos _____ (levantarse) a las siete y media.

3. Yo _____ me ducho _____ (ducharse) y _____ me lavo _____ (lavarse) el pelo a las ocho menos cuarto.

4. Luego mi hermano _____ se baña _____ (bañarse).

5. Uso una toalla pero mi hermano _____ se seca _____ (secarse) el pelo con la secadora de pelo.

6. Todos nosotros _____ nos lavamos _____ (lavarse) los dientes todos los días.

5 Everyone in Lucita's family has a different routine. Complete her description with the correct forms of the verbs in parentheses.

Yo (1) _____ me levanto _____ (levantarse) a las siete pero mis hermanos prefieren
(2) _____ levantarse _____ (levantarse) a las ocho. A mi hermana le gusta
(3) _____ bañarse _____ (bañarse) con agua fría. Yo (4) _____ me baño _____
(bañarse) con agua caliente. Los sábados mis hermanos quieren (5) _____ despertarse _____
(despertarse) a las diez. Mi hermana y yo preferimos (6) _____ despertarnos _____
(despertarse) a las diez también. Mis padres (7) _____ se acuestan _____ (acostarse)
temprano. Y siempre me preguntan, "¿Por qué te gusta (8) _____ acostarte _____
(acostarse) tan tarde?"

CAPÍTULO 3 Primer paso

Nota Gramatical   The verb vestirse

The reflexive verb **vestirse** *(to get dressed)* has the **e → i** stem change in all forms except **nosotros** and **vosotros**.

Primero mi esposa y yo **nos vestimos** y luego nuestros hijos **se visten**.

---

6 One of the actors in the school play is reviewing the times that people need to put on their costumes for scene changes in the evening performance. Complete each sentence with the correct form of **vestirse.**

1. Carlota y yo _____ **nos vestimos** _____ a las seis y media.

2. Benjamín y Lupita _____ **se visten** _____ a las siete menos cuarto.

3. Alexa _____ **se viste** _____ a las siete menos cinco.

4. Yo _____ **me visto** _____ otra vez a las siete y diez.

5. David _____ **se viste** _____ a las siete y cuarto.

6. Y tú vas a _____ **vestirte** _____ a las siete y cinco, ¿no?

Nota Gramatical   Adverbs

- Adverbs tell when things happen or how things are done.
- Many adverbs are formed by adding -**mente** to the feminine form of adjectives.
    sincero → **sinceramente**
- The suffix -**mente** is added to the end of adjectives that are the same in the masculine and feminine forms.
    normal → **normalmente**   constante → **constantemente**

---

7 Complete each sentence with an appropriate adverb based on an adjective in the word bank. You may make each sentence affirmative or negative.

> **constante**   **perfecto**   **elegante**   **triste**
> **misterioso**   **rápido**   **horrible**

Answers will vary. Possible answers:

1. Mi mejor amigo/a se viste **elegantemente** .

2. Yo canto **horriblemente** .

3. Mis amigos/as trabajan **constantemente** .

4. Mi padre baila **perfectamente** .

5. Mis amigos y yo estudiamos **tristemente** .

■ SEGUNDO PASO

To talk about responsibilities, you'll often need to refer to household chores and use the direct object pronouns **lo, la, los,** and **las.** To make complaints, you'll need to use some new phrases.

¿Te acuerdas? Household chores

8 Complete the following sentences with the most appropriate words or expressions from the word bank.

> poner la mesa   tender la cama
> pasar la aspiradora   la cocina   cortar
>   barrer   la sala

1. Preparamos la comida en _____ la cocina _____.

2. La primera cosa que hago después de levantarme es _____ tender la cama _____.

3. Cuando la alfombra está sucia, es necesario _____ pasar la aspiradora _____.

4. Antes de comer es necesario _____ poner la mesa _____.

5. ¡Cuando llueve mucho tengo que _____ cortar _____ el césped tres veces por semana!

VOCABULARIO More household chores

9 Imagine you're interviewing a young woman about her family's household routine. How would you ask . . . ?

1. if she straightens her room every day

   ¿ **Ordenas tu cuarto todos los días** ?

2. who takes out the garbage

   ¿ **Quién saca la basura** ?

3. if her parents water the lawn on weekends

   ¿ **Riegan tus padres el jardín los fines de semana** ?

4. if her father sets the table

   ¿ **Pone la mesa tu padre** ?

5. if her brothers or sisters clean the bathroom

   ¿ **Limpian el cuarto de baño tus hermanos o tus hermanas** ?

6. if she and her family make their beds

   ¿ **Tienden tú y tu familia las camas** ?

*G*ramática Direct object pronouns

The direct object pronouns **lo, la, los,** and **las** can take the place of direct object nouns in a sentence.

¿Ya preparaste **la comida**? Ya **la** preparé, sí.

1. Your choice of a direct object pronoun depends on the gender and number of the noun it replaces.

¿Lavaste **el carro**? Sí, **lo** lavé.

¿Quién contestó **las preguntas**? **Las** contestamos nosotros.

2. The direct object pronoun may be placed before the conjugated verb or may be attached to the infinitive.

Allí está **la basura**. ¿Vas a sacar**la**? or ¿**La** vas a sacar?

10 What would Alia's mother ask to find out if Alia did the following chores?

MODELO el cuarto de baño / limpiar
El cuarto de baño... ¿lo limpiaste?

1. tu cuarto / ordenar **Tu cuarto, ¿lo ordenaste?**

2. el césped / cortar **El césped, ¿lo cortaste?**

3. la mesa / quitar **La mesa, ¿la quitaste?**

4. los platos / lavar **Los platos, ¿los lavaste?**

5. la aspiradora / pasar **La aspiradora, ¿la pasaste?**

11 A friend is asking you some questions about who does certain chores at your house. Answer her questions, using direct object pronouns and the cues in parentheses.

MODELO En tu casa, ¿quién riega el jardín? (mi hermano)
Mi hermano lo riega. *Answers will vary. Possible answers:*

1. ¿Pones tú la mesa? (mi hermano y yo)
Sí, mi hermano y yo la ponemos.

2. ¿Quién va a lavar los platos esta noche? (mi papá)
Esta noche los va a lavar mi papá.

3. ¿Quién tiende las camas? (todos nosotros)
Todos nosotros las tendemos.

4. ¿Quién va a barrer el piso esta semana? (yo)
Esta semana lo voy a barrer yo.

5. ¿Quién va a cortar el césped este fin de semana? (mi hermano)
Mi hermano lo va a cortar este fin de semana.

ASÍ SE DICE Complaining

12 How might Nela respond in each situation to indicate that she thinks she's being treated unfairly? Use expressions from the phrase box. *Answers will vary. Possible answers:*

> ¡No es justo!
>
> Estoy harta de...
>
> Yo ya lo hice mil veces.
>
> ¡Ay, qué pesado!
>
> ¡Siempre me toca a mí!

1. Her mother wants her to vacuum her bedroom, but she just spent two hours vacuuming.
   Estoy harta de pasar la aspiradora.

2. She wishes somebody else would clear the dinner table, since she always has to do it.
   ¡Siempre me toca a mí!

3. Her father asks her to clean the bathroom, a chore that she really dislikes.
   ¡Ay, qué pesado!

4. She feels like the chores aren't divided up fairly between her and her brother.
   ¡No es justo!

5. Her father asks her to answer the phone, which she's already done 10 times this morning.
   Yo ya lo hice mil veces.

13 Write a dialogue of six sentences in which Jon's father asks him to wash the car, clean the bathroom, and water the yard. Jon complains that he's already washed the car a thousand times, that he always has to clean the bathroom, and that it's not fair for him to water the yard because his sister never does it.

1. PAPÁ *Answers will vary.* _____

   _____

2. JON _____

   _____

3. PAPÁ _____

   _____

4. JON _____

   _____

5. PAPÁ _____

   _____

6. JON _____

CAPÍTULO 3 Segundo paso

■ TERCER PASO

To talk about hobbies and pastimes, you'll need to use some new vocabulary. To say how long something has been going on, you'll need to use **hace** + *amount of time* + **que** + *present tense.*

VOCABULARIO   Hobbies and pastimes

14 Read the descriptions of the people in Column A and match each person with the hobby in Column B that he or she might like.

COLUMN A

___d___ 1. Armando recibe cartas de muchos países.

___a___ 2. Marisol toca dos instrumentos.

___b___ 3. A Lorenzo le gusta estar con muchas personas.

___e___ 4. A Amy le gusta la tecnología.

___c___ 5. A Leah le gustan los carros.

COLUMN B

a. tocar con la banda

b. reunirse con los amigos

c. trabajar en mecánica

d. coleccionar estampillas

e. usar la computadora

15 Complete each statement with the correct phrases from the vocabulary of the **Tercer paso.** Conjugate verbs as necessary.

1. ¿Tienes problemas con tu carro? A mi amigo José le gusta mucho __trabajar en mecánica__

_____ .

2. Si te gusta la música puedes __tocar con la banda__ .

3. Mis abuelos __juegan a las cartas__ todas las noches porque les gustan los juegos de mesa.

4. A Diana le gusta mucho __reunirse con sus amigos__ todos los sábados en el Café Maya para hablar.

5. A Norberto le gustan los ejercicios aeróbicos. __Hace monopatín__ todas las tardes después de sus clases.

16 Allison is answering questions from her new schoolmates about her hobbies. Supply the missing parts of their conversation. *Answers will vary. Possible answers:*

MIGUEL (1) ¿__Tienes una colección de estampillas__?

ALLISON No, no tengo una colección de estampillas. Me gusta más estar con mis amigos.

ALEX (2) ¿__Te reúnes con tus amigos todos los días__?

ALLISON Me reúno todos los días con mis amigos, sí, después de clases.

ELENA (3) ¿__Durante el invierno juegas a las cartas con tu familia__?

ALLISON Durante el invierno, sí, mi familia y yo jugamos a las cartas.

MARTA (4) ¿__Hacen monopatín tus amigos__?

ALLISON No, mis amigos no hacen monopatín. Prefieren usar Internet en la computadora para hablar con gente de otras ciudades.

¿Te acuerdas? More hobbies and pastimes

17 Javier is talking about his hobbies. Write the word or phrase that best completes each sentence.

1. Me gusta viajar y _____ **acampar** _____ con mi papá. Es más divertido que estar en un hotel.
   - **a.** patinar
   - **b.** acampar
   - **c.** leer tiras cómicas

2. Voy mucho al lago para _____ **pescar** _____ con mis amigos.
   - **a.** pescar
   - **b.** jugar videojuegos
   - **c.** leer tiras cómicas

3. Voy también al mar porque me gusta _____ **bucear** _____.
   - **a.** patinar
   - **b.** leer tiras cómicas
   - **c.** bucear

4. En mis ratos libres voy a la librería a _____ **leer tiras cómicas** _____.
   - **a.** acampar
   - **b.** patinar
   - **c.** leer tiras cómicas

5. Me interesan mucho las cosas electrónicas. Cada día después de mis clases, _____ **juego videojuegos** _____ y siempre gano.
   - **a.** acampo
   - **b.** juego videojuegos
   - **c.** pesco

18 Víctor and his Colombian pen pal Inés are talking on the phone about their hobbies. Fill in the gaps in their conversation. *Answers will vary. Possible answers:*

VÍCTOR (1) ¿ **Tocas con la banda** ?

INÉS No, no toco con la banda pero me encanta la música. A ti te gustan los carros, ¿no? (2) ¿ **Trabajas mucho en mecánica** ?

VÍCTOR Sí, trabajo mucho en mecánica. Me fascinan los carros. En 20 años voy a tener una colección de carros de todos tipos.

INÉS (3) ¿ **Coleccionas estampillas o monedas** ?

VÍCTOR No, no colecciono estampillas ni monedas. Sólo carros. A mí me gusta también estar cerca del agua. (4) ¿ **Te gusta bucear** ?

INÉS No, no me gusta bucear pero pesco una o dos veces al mes. También me gusta mucho leer. (5) ¿ **Lees las tiras cómicas** ?

VÍCTOR ¡Sí, sí! Leo tiras cómicas todos los días. Me gustan en especial las tiras cómicas de Supergato.

INÉS (6) ¿ **Te reúnes mucho con tus amigos** ?

VÍCTOR Sí, me reúno mucho con mis amigos. ¡Me gustaría verte a ti en persona!

CAPÍTULO 3 Tercer paso

Nota *G*ramatical Indicating how long something has been going on

Use **hace** + *amount of time* + **que** + *present tense* to tell how long someone has been doing something.

Hace tres años **que** vivo aquí. *I've lived here three years.*

19 Armando and Emily are talking about their pastimes. Complete their conversation with the correct words.

ARMANDO ¿Cuánto tiempo (1) _____**hace**_____ que haces monopatín?

EMILY (2) _____**Hace**_____ tres o cuatro años que lo hago. Pero me gusta más bucear.

ARMANDO ¿Cuánto tiempo (3) _____**hace**_____ que buceas?

EMILY Hace cinco años (4) _____**que**_____ buceo. ¿Buceas tú?

20 Entertainment reporter Rogelio Ferreter has just interviewed movie star Juanita Labarca. Based on his interview notes, write what he asked her, and then write her responses about how long she's been doing each thing listed below.

canta.........15 años	actriz.........5 años
poemas.........10 años	película.........4 semanas
Monterrey.........5 meses	guitarra.........10 años

MODELO cantar
—<u>¿Cuánto tiempo hace que usted canta?</u>
—<u>Hace 15 años que canto.</u>

1. ser actriz

¿<u>Cuánto tiempo hace que es actriz</u> ?

<u>Hace cinco años que soy actriz.</u>

2. escribir poemas

¿<u>Cuánto tiempo hace que escribe poemas</u> ?

<u>Hace diez años que escribo poemas.</u>

3. vivir en Monterrey

¿<u>Cuánto tiempo hace que vive en Monterrey</u> ?

<u>Hace cinco meses que vivo en Monterrey.</u>

CAPÍTULO 3 Tercer paso

¡Adelante con los estudios!

■ PRIMER PASO

To give advice, you'll need to use **deberías, debes,** and vocabulary that describes things you should and shouldn't do at school. You may also need to use a variety of verbs and the preposition **para.**

> Nota *G*ramatical   **deberías** and **debes**
>
> You've already learned that **debes** means *you should*. If you want to give advice in a softer, less direct way, use **deberías.**
>
> **Deberías** limpiar tu cuarto.

1 Zachary didn't do very well in school this semester. Imagine that you're his teacher and fill in the suggestions **(sugerencias)** section on his report card to help him do better next semester. Use **deberías** or **debes** and the verbs listed below.

estudiar las fechas importantes
leer los poemas antes de venir a clase
pintar una hora todos los días

saber los verbos irregulares
ir al laboratorio más frecuentemente

Colegio San Martín		
Estudiante: *Dylan, Zachary*		Grado 9
Materias	**Nota**	**Sugerencias**
Literatura	5	1. Deberías (Debes) leer los poemas antes de venir a clase.
Historia	4.6	2. Deberías (Debes) estudiar las fechas importantes.
Inglés	6.9	3. Deberías (Debes) saber los verbos irregulares.
Química	7	4. Deberías (Debes) ir al laboratorio más frecuente- mente.
Arte	4.5	5. Deberías (Debes) pintar una hora todos los días.

VOCABULARIO

Things you should and shouldn't do in school

2 Your committee is making a list of do's and don'ts to succeed in school. Complete each sentence with **Deberías** or **No deberías**.

1. _____ **Deberías** _____ entregar la tarea todos los días.

2. _____ **Deberías** _____ tomar apuntes en tus clases.

3. _____ **No deberías** _____ suspender un examen o una clase.

4. _____ **Deberías** _____ repasar tus apuntes antes del examen.

5. _____ **Deberías** _____ hacer preguntas inteligentes en clase.

3 Choose a word from the word bank and write it by the definition it matches.

repasar	preocuparse	prestar atención	entregar la tarea
	tomar apuntes		hacer preguntas

_____ **prestar atención** _____ 1. escuchar muy bien al profesor

_____ **tomar apuntes** _____ 2. escribir la información que la profesora presenta

_____ **repasar** _____ 3. estudiar el material otra vez antes de un examen

_____ **hacer preguntas** _____ 4. pedirle información al profesor

_____ **preocuparse** _____ 5. sentirse muy nervioso

4 Manuel and Manuela are twins, but they always do opposite things. Read what each twin does at school. Then describe what the other twin does, using verbs from the word bank.

prestar atención	dejar los libros en casa	entregar la tarea	sacar buenas notas
	aprobar los exámenes		

1. Manuela siempre suspende los exámenes de francés.

   Manuel siempre _____ **aprueba los exámenes** _____.

2. Manuel siempre trae su libro a la clase de álgebra.

   Manuela siempre _____ **deja los libros en casa** _____.

3. Manuel siempre saca malas notas en la clase de historia.

   Manuela siempre _____ **saca buenas notas** _____.

4. Manuela siempre deja su tarea para la clase de biología en casa.

   Manuel siempre _____ **entrega la tarea** _____.

5. Manuel siempre duerme en la clase de arte.

   Manuela siempre _____ **presta atención** _____.

VOCABULARIO   More do's and don'ts for school

5 Nothing Diego does on Mondays turns out right. Complete the following paragraph with the correct forms of the verbs in the word bank.

| aprender de memoria | copiar | olvidar | apuntar | perder |

Todos los lunes, Diego llega tarde a clase. Corre para tomar el autobús

pero siempre lo **(1)** _____ pierde _____. Siempre

(2) _____ olvida _____ sus libros porque tiene sueño. Y suspende

los exámenes porque no **(3)** _____ aprende de memoria _____ las nuevas palabras.

Siempre da la misma explicación: "No **(4)** _____ apunté _____ la fecha

del examen en mi cuaderno"; por eso durante el almuerzo Diego tiene que

(5) _____ copiar _____ los apuntes de un amigo. ¡Nunca aprende de

sus errores!

¿Te acuerdas?   The preposition **para**

Para means *in order to* when followed by a verb. The verb will always be in the infinitive form.

6 Create sentences to find out what people do to excel in class.

1. mucho / sacar / para / notas / Michelle / estudia / buenas

   Michelle estudia mucho para sacar buenas notas.

2. para / el vocabulario / Andreas y Lew / aprenderlo de memoria / repiten

   Andreas y Lew repiten el vocabulario para aprenderlo de memoria.

3. Megan y yo / buenos apuntes / tomar / escuchamos bien / para

   Megan y yo escuchamos bien para tomar buenos apuntes.

7 Using the cues, write five sentences about learning from the Internet.

1. navegar por la Red *Answers will vary.* _____

2. Internet _____

3. la página Web _____

4. el correo electrónico _____

5. la Telaraña Mundial _____

■ SEGUNDO PASO

To talk about things and people you know, you'll need to use adjectives and the verbs **ser** and **estar**. You'll also need to use the verb **conocer**. To make comparisons, you'll need to use **más** and **menos**.

| **VOCABULARIO** | Adjectives used to describe people |

8 Some people believe opposites attract. With this in mind, match each person in Column A with his or her best friend in Column B. One sentence in Column B will not be used.

COLUMN A

___b___ 1. Rubén nunca olvida nada.

___a___ 2. María es muy atlética.

___e___ 3. Alejo es bastante flojo.

___d___ 4. El señor Lugones no es muy estricto.

COLUMN B

a. Susana es un poco torpe.
b. Esteban es muy distraído.
c. Karla es muy justa.
d. Don Simón es muy exigente.
e. Ana es una estudiante aplicada.

Nota *G*ramatical   The verb **ser** with adjectives

- Use **ser** + *adjective* to describe someone's physical traits and personality.
  Antonio **es** alto y simpático.

- Use **ser** + *adjective of nationality* to describe someone's nationality.
  Don Luis y su esposa **son** cubanos.

9 Vonna is describing a few people at school to a new exchange student. Complete her sentences with the correct forms of **ser.**

Virginia **(1)** ___es___ cubana y **(2)** ___es___ muy creativa. Pinta todos los días y sabe tocar el piano. Pero a Antonio y a mí no nos gusta trabajar como a Virginia. Nosotros **(3)** ___somos___ un poco flojos. Mi hermana Margarita y su amigo Enrique **(4)** ___son___ muy responsables. Siempre llegan a clase a tiempo y estudian todos los días. Hishem y Denise también **(5)** ___son___ muy aplicados. Ellos están en el laboratorio de química hasta las seis de la tarde todos los días. Carlos **(6)** ___es___ muy atlético . . . corre cinco millas por la mañana y por la tarde nada con el equipo del colegio. Y todos dicen que tú **(7)** ___eres___ muy entusiasta en todas tus clases. Dicen que contestas muchas preguntas en clase y que quieres participar en las actividades del colegio. Pero yo no voy a cambiar . . . voy a **(8)** ___ser___ floja siempre. ¿Qué te puedo decir?

10 Several teachers are discussing their students' strengths and weaknesses. Write descriptions of the students they mention, using the correct forms of **ser** and appropriate adjectives from the word bank.

flojo	creativo	distraído	generoso	honesto

MODELO   Judith nunca quiere trabajar. **Es bastante floja.**

1. Amalia tiene muchas ideas originales. **Amalia es bastante creativa.**
2. Toni y Dan siempre ayudan a sus compañeros con la tarea. **Toni y Dan son bastante generosos.**
3. Ben siempre deja su tarea en casa. **Ben es bastante distraído.**
4. Beto y Ana siempre dicen la verdad. **Beto y Ana son bastante honestos.**

11 Pablo is putting together a list of the exchange students at his school. Based on the clues given, write a sentence indicating each person's national or regional origin.

MODELO   Alejandro / España   **Alejandro es español.**

1. Yo / Costa Rica **Yo soy costarricense.**
2. José Luis y Paca / México **José Luis y Paca son mexicanos.**
3. Tú / Chile **Tú eres chileno/a.**
4. Eleanora / Cuba **Eleanora es cubana.**
5. Todos nosotros / las Américas **Nosotros somos americanos.**

Nota Gramatical   The verb **estar** with adjectives

Use **estar** to tell where something is located, to describe how someone feels, or to describe states or conditions.

Matthew **está** enfermo y no puede venir a clase.

12 Complete Úrsula's diary entry using the correct forms of **estar**.

5 de octubre
Yo siempre (1) **estoy** contenta cuando mi amigo Rafael y yo (2) **estamos** juntos. Pero hoy yo (3) **estoy** triste porque Rafael (4) **está** en el hospital. Sus padres (5) **están** con él en el hospital. Yo (6) **estoy** preocupada por él.

13 Write a sentence describing each situation below, using **estar** and the appropriate adjective from the word bank.

| aburrido | tranquilo | preocupado | ocupado | emocionado |

1. Yo tengo que copiar mis apuntes para la clase de álgebra, estudiar para el examen de historia y escribir tres composiciones para la clase de inglés.

   Yo _estoy ocupado/a_____.

2. Tú no puedes encontrar a tu perro. Hace tres días que lo buscas.

   Tú _estás preocupado/a_____.

3. Marisol y yo no tenemos nada que hacer y no hay nada bueno en la televisión.

   Marisol y yo _estamos aburridos/as_____.

4. Mañana es la Navidad y los niños no pueden dormir porque quieren abrir sus regalos.

   Los niños _están emocionados_____.

14 Margarita is writing a note about her English class to her friend Heidi. Complete her note with the correct forms of **ser** or **estar**.

> Es la primera semana de clases y yo (1) _____estoy_____ cansada. Tengo siete clases al día. El profesor de inglés (2) _____es_____ estadounidense y (3) ____es____ muy exigente. Muchos estudiantes en la clase (4) ____están____ enfadados porque nos da mucha tarea. Pero prefiero (5) ____estar____ ocupada. No me gusta (6) ____estar____ aburrida.
>
> Hasta pronto,
> Margarita

15 Write sentences about yourself and people you know, using **ser** or **estar** and the adjectives in parentheses. Your sentences may be positive or negative.

1. (alto) _Answers will vary._____

2. (preocupado) _____

3. (ocupado) _____

4. (enfermo) _____

5. (inteligente) _____

6. (emocionado) _____

7. (triste) _____

Nota Gramatical   The verb conocer

Use the verb **conocer** to say that you know someone or that you are familiar with a place. Be sure to use **a** after **conocer** when talking about people.

¿Conocen ustedes **a** mi tía Mariana?

16 Answer the questions using complete sentences and the correct form of **conocer.**

1. ¿Conoces a la nueva profesora de computación?

No, **no conozco a la nueva profesora de computación** .

2. Mateo viene de Detroit mañana para vacaciones. ¿Conoce Gaby a Mateo?

Sí, **Gaby conoce a Mateo** .

3. ¿Conocen ustedes ese restaurante que está en la calle Hudson? Tiene comida buena.

Sí, **conocemos ese restaurante que está en la calle Hudson** .

4. Tus amigos van a llegar este fin de semana, ¿verdad? ¿Conocen México?

No, **mis amigos no conocen México** .

¿Te acuerdas?   Comparisons of inequality

To compare people, places, and things that are different, use **más . . . que** or **menos . . . que.**

---

17 Compare the following people and things using the adjectives in parentheses.

MODELO   Bárbara estudia todos los días pero Carmen nunca estudia. (aplicado)
Bárbara **es más aplicada que Carmen.**

1. La profesora Chen nos da poca tarea pero la profesora Slawsky nos da mucha. (exigente)

La profesora Slawsky **es más exigente que la profesora Chen** .

2. Ricardo mide dos metros y Rudolfo mide un metro cincuenta. (alto)

Rudolfo **es menos alto que Ricardo** .

3. Las zapatillas de Elvira cuestan cincuenta dólares y las zapatillas de Michelle cuestan cuarenta. (caro)

Las zapatillas de Michelle **son menos caras que las zapatillas de Elvira** .

4. Paquita siempre trae su libro a clase pero Josefina siempre lo deja en casa. (distraído)

Josefina **es más distraída que Paquita** .

5. Li hace todos los ejercicios del libro pero Mona sólo hace los ejercicios fáciles. (flojo)

Mona **es más floja que Li** .

Holt Spanish 2 ¡Ven conmigo!, Chapter 4

Cuaderno de gramática, Teacher's Edition **33**

■ TERCER PASO

In order to make plans, you'll need to talk about everyday activities. You'll also need to use direct object pronouns.

VOCABULARIO   Everyday activities

18 Mr. Obregón is telling you about his family's hectic schedule. Complete each sentence with the correct form of the most logical item from the word bank.

platicar	*ir a una cita*	merendar	hacer cola	mirar las vitrinas
tomar el metro		reunirse con sus amigas

1. Para ir al partido los domingos mi hijo y yo ___**tomamos el metro**___ al Estadio Maya.

2. El martes mi hija ___**va a una cita**___ con el dentista.

3. Los miércoles mi esposa ___**se reúne con sus amigas**___ para platicar.

4. Mi esposa ___**mira las vitrinas**___ de las tiendas en el Centro Comercial Siglo XXI los jueves.

5. Los viernes mi esposa y sus amigas ___**meriendan**___ en el café.

6. Luego mi esposa va a casa de sus papás para ___**platicar**___ con ellos de las actividades de nuestros hijos.

7. Y los sábados yo ___**hago cola**___ en el Cine Vanguardia y compro boletos para mi familia.

---

*G*ramática   Direct object pronouns

You have already learned how to use the direct object pronouns **lo**, **los**, **la**, and **las**. The pronouns **me**, **te**, and **nos** refer to *me, you* (informal), and *us*. Remember to put object pronouns directly before the conjugated verb or to attach them to the infinitive.

Necesito levantar este sofá. **¿Me** puedes ayudar? No puedo levantar**lo** solo.

---

19 Write the direct object pronoun that would take the place of these words.

___**la**___ 1. mi madre

___**las**___ 2. las computadoras

___**nos**___ 3. nosotras

___**me**___ 4. yo

___**lo**___ 5. el problema

___**los**___ 6. los sombreros

___**la**___ 7. la casa

___**te**___ 8. tú

___**lo**___ 9. tu padre

___**la**___ 10. la ensalada

20 Imagine you're planning a party with a friend. Use the correct direct object pronoun for the underlined object in the answers.

MODELO   ¿Compraste la comida?
Sí, **la compré.**

1. ¿<u>Me</u> puedes ayudar con las decoraciones?

Sí, <u>**puedo ayudarte (te puedo ayudar)**</u>.

2. ¿<u>Te</u> puedo llamar esta tarde a las siete?

No, no <u>**puedes llamarme (me puedes llamar)**</u>.

3. ¿Vas a comprar <u>los refrescos</u> esta tarde?

Sí, <u>**voy a comprarlos (los voy a comprar)**</u>.

4. ¿Mandaste <u>las invitaciones</u> hoy?

No, no <u>**las mandé**</u>.

5. Lola y Juan vienen mañana. ¿<u>Nos</u> llamas a las ocho?

Sí, <u>**los llamo**</u>.

6. Necesitamos música. ¿Tienes mi <u>radio</u>?

No, no <u>**la tengo**</u>.

21 Write answers in Spanish to the following questions about your everyday activities. Use direct object pronouns in your responses. *Answers will vary but should contain the indicated phrases.*

1. ¿Miras mucho las vitrinas?

...(no) las miro...

2. ¿Vas a mirar las vitrinas este fin de semana?

...(no) las voy a mirar...

...(no) voy a mirarlas...

3. ¿Tomas el metro a la escuela?

...(no) lo tomo...

4. ¿Siempre apruebas los exámenes de español?

...(no) los apruebo...

5. ¿Quieres ver la película el domingo?

...(no) la quiero ver...

...(no) quiero verla...

CAPÍTULO 5

¡Ponte en forma!

■ PRIMER PASO

To talk about staying fit and healthy, you'll need to know the names of outdoor activities and of things people do at the gym. You'll also need to use the preterite tense.

VOCABULARIO   Outdoor activities

1 Juliana is playing a guessing game about outdoor activities with her little brother. Write the activity that corresponds to each sentence.

1. Debes hacerlo antes y después de correr. **estirarte** _____
2. Es el acto de nadar. **la natación** _____
3. Lo haces en una canoa. **remar** _____
4. Es el acto de caminar, generalmente en el campo. **el senderismo** _____
5. Es el acto de escalar montañas. **el montañismo** _____
6. Lo haces en una bicicleta. **el ciclismo** _____

2 Read the following advertisement for a youth fitness camp, and fill in the blanks with the appropriate vocabulary words.

Campamento Monte Saldívar
Deportes / Recreo
Tels. 555-34-47, 555-34-48

¿Quieres ponerte en forma? ¿Buscas oportunidades de recreo?
¡Debes visitar nuestro campamento!

Hay algo para todos en el Campamento Monte Saldívar. Si te gusta el

(1) _____**remo**_____, tenemos un río super bonito. Si prefieres la

(2) _____**natación**_____, hay una piscina de tipo olímpico. ¿Te gusta el

(3) _____**senderismo**_____? Tenemos lugares bonitos por donde caminar. ¿Tienes

bicicleta? Nuestro campamento es ideal para el **(4)** _____**ciclismo**_____. Y si te

interesa **(5)** _____**escalar**_____ montañas, tenemos unas montañas espectaculares.

El Campamento Monte Saldívar... no debes perdértelo.

Nota *Gramatical*   The verb **dormir** in the preterite

Dormir *(to sleep)* is irregular in the third-person singular and plural forms of the preterite.

yo dormí	nosotros dormimos
tú dormiste	vosotros dormisteis
él / ella / usted d<u>u</u>rmió	ellos / ellas / ustedes d<u>u</u>rmieron

3 Lourdes is a counselor at a summer camp. Help her find out how well her campers slept by completing the following conversation with the correct forms of **dormir.**

LOURDES   ¿Ustedes (1) ____**durmieron**____ bien anoche?

TRACI y LUISITA   Sí, (2) ____**dormimos**____ siete horas y media.

LOURDES   Y tú, Lara, ¿cuántas horas (3) ____**dormiste**____?

LARA   No sé exactamente. La verdad es que no (4) ____**dormí**____ muy bien. Tres horas, más o menos.

LOURDES   Lo siento. Debe usted hablar con la enfermera esta tarde. Y tú, Megan, ¿(5) ____**dormiste**____ bien?

MEGAN   Sí, yo (6) ____**dormí**____ bien, ¡pero Lara dice que yo ronqué *(snored)* toda la noche!

VOCABULARIO   At the gym

4 Write the word or phrase that best completes each sentence.

1. Norberto come muchas verduras porque quiere ____**bajar de peso**____.
   a. bajar de peso   **b.** aumentar de peso   **c.** moverse

2. Gloria no tiene pesas en casa. Va a ____**inscribirse en un gimnasio**____.
   a. bajar de peso   **b.** inscribirse en un gimnasio   **c.** sudar

3. Claudine está tomando una clase de ejercicios aeróbicos porque le gusta ____**moverse**____.
   a. levantar pesas   **b.** inscribirse en el gimnasio   **c.** moverse

4. Para bajar de peso, Helena ____**salta a la cuerda**____ en casa.
   a. salta a la cuerda   **b.** aumenta de peso   **c.** se inscribe en el gimnasio

5. Steffi ____**practica las artes marciales**____ porque quiere poder defenderse.
   a. hace abdominales   **b.** baja de peso   **c.** practica las artes marciales

6. Casey ____**se mueve**____ mucho en su clase de ejercicios aeróbicos.
   a. levanta pesas   **b.** se mueve   **c.** practica las artes marciales

5 Diego is talking to you about what he and his friends do to stay fit and healthy. Complete his sentences with the correct present-tense forms of the verbs in the word bank. Not all the verbs will be used.

| bajar | saltar | hacer | inscribirse | levantar | practicar |

1. A mí me gusta _____**saltar**_____ a la cuerda.

2. Mi amigo Néstor _____**hace**_____ abdominales y a veces él y yo _____**levantamos**_____ pesas juntos.

3. Creo que Emilia y Beth _____**practican**_____ las artes marciales en el gimnasio los jueves.

4. Jaime quiere ir al nuevo gimnasio. _____**Se inscribe**_____ allí hoy.

Gramática   Preterite of -**er** and -**ir** verbs

1. Both -**er** and -**ir** verbs have the same endings in the preterite tense.

COMER		ESCRIBIR	
comí	com**imos**	escrib**í**	escrib**imos**
com**iste**	com**isteis**	escrib**iste**	escrib**isteis**
com**ió**	com**ieron**	escrib**ió**	escrib**ieron**

2. The forms of **dar** *(to give)* in the preterite are **di, diste, dio, dimos**, disteis, and **dieron**.

---

6 Write the correct preterite form of each verb according to the subjects provided.

1. él / correr _____**corrió**_____
2. nosotros / escribir _____**escribimos**_____
3. tú / asistir _____**asististe**_____
4. ellos / sorprender _____**sorprendieron**_____
5. ellos / dar _____**dieron**_____

6. yo / salir _____**salí**_____
7. Alicia y yo / perder _____**perdimos**_____
8. usted / dar _____**dio**_____
9. Berta / sacudir _____**sacudió**_____
10. tú / tender _____**tendiste**_____

7 Answer the questions about what people did last week to keep fit using the cues in parentheses.

1. ¿Cuántas millas corriste? (tres)
   Corrí tres millas.

2. ¿Cuándo se inscribió Rafael en un gimnasio? (el jueves pasado)
   Rafael se inscribió en un gimnasio el jueves pasado.

3. ¿Cuándo asistieron ustedes a la clase de ejercicios aeróbicos? (anoche)
   Asistimos a la clase de ejercicios aeróbicos anoche.

4. ¿Qué comió Mikaela para evitar la grasa? (muchas verduras)
   Mikaela comió muchas verduras para evitar la grasa.

¿Se te ha olvidado? Preterite of -ar verbs

8 Tom is talking to his grandmother about what he and his family did last weekend. Complete each sentence with the correct preterite form of the verb in parentheses.

1. Abuelita, el sábado un amigo y yo ____levantamos____ (levantar) pesas en el gimnasio.

2. Mi amigo no ____sudó____ (sudar) mucho pero yo sí.

3. Alicia ____practicó____ (practicar) las artes marciales en el parque con el club de la escuela.

4. Yo ____escalé____ (escalar) una montaña con mis amigos.

5. Y mamá y papá ____saltaron____ (saltar) a la cuerda porque quieren bajar de peso.

6. Y tú, abuelita, ¿____caminaste____ (caminar) ayer con mi abuelito?

9 Marion and her friend Pam went on vacation together but didn't do the same things. Based on their to-do lists, write sentences in which Marion tells what she did, what Pam did, and what they both did.

Marion	*Pam*
remar en el Río Piedras	nadar ✔
escalar la Montaña Brava ✔	dar una caminata por el Parque Nacional ✔
nadar ✔	escalar la Montaña Brava
dormir 10 horas todos los días ✔	remar en el Río Piedras ✔
escribir cartas a mi familia ✔	escribir cartas a mi familia ✔
dar una caminata por el Parque Nacional ✔	dormir 10 horas todos los días

MODELO   Yo escalé la Montaña Brava pero Pam no la escaló.   *Answers will vary.*
Possible answers:

1. Pam y yo nadamos.

2. Pam remó en el Río Piedras pero yo no remé.

3. Nosotras escribimos cartas a nuestras familias.

4. También dimos una caminata por el Parque Nacional.

CAPÍTULO 5 Primer paso

■ SEGUNDO PASO

To tell someone what to do and not to do, you might want to use some health-related vocabulary, as well as regular and irregular informal commands.

VOCABULARIO   Good health habits

10 Complete the following gym advertisement with the appropriate vocabulary words.

Gimnasio El Universal
Avenida Ingenieros No. 137
Tel. 332-47-48

¿Quieres mantenerte en **(1)** _____forma_____? ¿Necesitas entrenarte para

una **(2)** ____competencia____? ¿Necesitas **(3)** _____dedicar_____ más

tiempo a tu **(4)** _____salud_____ personal? ¿Quieres aprender buenos

(5) _____hábitos_____ de salud? Si respondiste «Sí» a una de estas

preguntas, tenemos el gimnasio perfecto para ti. Si quieres levantar pesas,

aprender a evitar la **(6)** _____grasa_____, o tomar clases de ejercicio

aeróbico, El Universal es TU GIMNASIO.

---

11 Adolfo filled out a questionnaire at the doctor's office. Based on his responses, write the questions that appeared on the questionnaire.

Clínica Buendía
Calle Otavalo 36

1. ¿ **Necesita usted hacer régimen** _____?
   Sí, creo que necesito hacer régimen.

2. ¿ **Evita usted la grasa** _____?
   Sí, evito la grasa. Pero creo que como demasiado a veces.

3. ¿ **Puede usted respirar profundamente después de hacer ejercicios aeróbicos** ?
   No, no puedo respirar profundamente después de hacer ejercicios aeróbicos.

4. ¿ **Se relaja usted después de hacer ejercicio** _____?
   Sí, me relajo después de hacer ejercicio pero no hago suficiente ejercicio.

5. ¿ **Necesita usted reducir el estrés en su vida** _____?
   Sí, necesito reducir el estrés en mi vida. ¿Cómo lo puedo hacer?

---

*G*ramática Informal commands

Use informal commands to tell a friend or a child to do something.

1. To create affirmative informal commands, drop the -s ending of the **tú** form of the verb.

STATEMENT	COMMAND
(tú) estudia**s**	¡Estudi**a**!
(tú) com**es**	¡Com**e**!
(tú) piensa**s**	¡Piens**a**!

2. To form negative **tú** commands, change the -**as** ending in -**ar** verbs to -**es** and the -**es** ending in -**er** verbs to -**as.** Place the **no** before the verb and also before reflexive pronouns.

STATEMENT	COMMAND
(tú) camin**as**	¡No camin**es**!
(tú) duerm**es**	¡No duerm**as**!

12 Nikki wants to learn better health habits. Use affirmative or negative commands, as appropriate, to give her advice.

MODELO comer muchos postres
No comas muchos postres.

1. evitar la grasa
Evita la grasa.

2. tomar mucha agua cada día
Toma mucha agua cada día.

3. trabajar todo el tiempo
No trabajes todo el tiempo.

4. caminar un poco cada día
Camina un poco cada día.

5. comer sólo carne
No comas sólo carne.

6. respirar profundamente cuando haces ejercicio
Respira profundamente cuando haces ejercicio.

7. dormir ocho horas todas las noches
Duerme ocho horas todas las noches.

8. beber refrescos todo el tiempo
No bebas refrescos todo el tiempo.

9. correr largas distancias si no corres frecuentemente
No corras largas distancias si no corres frecuentemente.

Nota *G*ramatical — Negative command forms of -gar and -car verbs

- The negative command forms of verbs that end in -**gar** are spelled with **gu** instead of **g** to preserve the hard *g* sound.

   jugar → No jue**gu**es al tenis después de comer.

- The negative command forms of verbs that end in -**car** change the **c** to **qu** in order to preserve the *k* sound.

   dedicar → No dedi**qu**es todo tu tiempo al trabajo.

13 Fill in the blanks with the correct negative command forms of the verbs in parentheses.

1. ____**No saques**____ (sacar) malas notas... estudia todos los días.

2. ____**No practiques**____ (practicar) deportes cuando debes estudiar.

3. ____**No llegues**____ (llegar) tarde a tus clases.

4. Y ____**no entregues**____ (entregar) tu tarea tarde.

*G*ramática — Irregular informal commands

Some verbs have irregular informal command forms. The affirmative and negative command forms of these verbs are shown below.

Infinitive	Aff.	Neg.	Infinitive	Aff.	Neg.
hacer	**haz**	no **hagas**	ser	**sé**	no **seas**
poner	**pon**	no **pongas**	venir	**ven**	no **vengas**
tener	**ten**	no **tengas**	salir	**sal**	no **salgas**
ir	**ve**	no **vayas**	decir	**di**	no **digas**

14 Write advice for someone with health concerns, using affirmative or negative informal commands as appropriate.

MODELO   venir al gimnasio conmigo   **Ven al gimnasio conmigo.**

1. ir a clases de ejercicios aeróbicos

   Ve a clases de ejercicios aeróbicos.

2. ponerle sal a la comida

   No le pongas sal a la comida.

3. hacer abdominales todos los días

   Haz abdominales todos los días.

4. decirle adiós a la grasa

   Dile adiós a la grasa.

5. ser flojo en tu régimen

   No seas flojo en tu régimen.

■ TERCER PASO

In order to make excuses, you may want to use **poder** in the preterite and some vocabulary that refers to parts of the body and to aches and pains.

> Nota *G*ramatical   The preterite of **poder**
>
> **Poder** *(to be able; can)* is irregular in the preterite tense.
>
> | | |
> |---|---|
> | yo **pude** | nosotros **pudimos** |
> | tú **pudiste** | vosotros pudisteis |
> | él / ella / usted **pudo** | ellos / ellas / ustedes **pudieron** |

15 Kendra is talking to you about what she and her family were able to accomplish last weekend. Complete each sentence with the correct preterite form of **poder.**

1. Yo _____**pude**_____ hacer toda mi tarea.

2. Mi hermana y yo _____**pudimos**_____ remar un poco en el río.

3. Mi papá _____**pudo**_____ inscribirse en el gimnasio.

4. Mi mamá y mi hermano _____**pudieron**_____ escribir unas cartas.

5. Y, ¿qué _____**pudiste**_____ hacer tú?

VOCABULARIO   The body

16 Write the word in each list that doesn't belong.

_____**la nariz**_____   1. el codo, el dedo, la nariz, la muñeca, el hombro

_____**el muslo**_____   2. el muslo, la cabeza, el cuello, los ojos, la nariz

_____**el cuello**_____   3. la rodilla, la pantorrilla, el tobillo, el muslo, el cuello

_____**relajarse**_____   4. hacerse daño, lastimarse, relajarse, doler, tener calambre

17 Read the following pieces of conversations that a sports doctor had with his patients. Fill in the gaps, using words from the vocabulary on page 145 of your textbook.

DR. VALENCIA   (1) ¿ _____**Te duele**_____ el hombro, Gaby?

GABY   Sí, Dr. Valencia, me duele muchísimo y no puedo mover el brazo.

DR. VALENCIA   Manolo, (2) ¿ _____**te torciste**_____ el tobillo?

MANOLO   Sí, doctor, me lo torcí y me duele mucho.

DR. VALENCIA   Andrés, (3) ¿ _____**te lastimaste**_____ la pantorrilla?

ANDRÉS   No, doctor, no me lastimé la pantorrilla. Me lastimé el muslo.

DR. VALENCIA   Daniela, (4) ¿ _____**tienes calambre**_____ en el muslo?

DANIELA   Sí, tengo calambre en el muslo, doctor. ¿Qué debo hacer?

VOCABULARIO   Reflexive verbs

18 Fill in the blanks in Laura's e-mail message with the correct preterite forms of verbs from the word bank.

| quejarse | divertirse | cansarse | enfermarse | acordarse | olvidarse |

> Sheri, la fiesta en casa de Maribel fue horrible. Yo no
>
> (1) _____ **me divertí** _____. La fiesta empezó mal porque Álvaro
>
> (2) _____ **se olvidó** _____ de preparar los sándwiches. Por eso
>
> fue al supermercado a comprar sándwiches. Ignacio comió uno y
>
> (3) _____ **se enfermó** _____. Se fue a casa con dolor de estómago.
>
> Luego escuchamos un disco compacto de "Los Locos" pero Katrina y
>
> Andrew (4) _____ **se quejaron** _____ de la música porque no les gusta
>
> el grupo. Bailamos pero después de 30 minutos todos nosotros
>
> (5) _____ **nos cansamos** _____ de bailar. ¡Qué bueno que tú no fuiste!
>
>   Laura

Nota *G*ramatical   Reflexive verbs that express feelings

Some reflexive verbs can be used to express feelings.

Me enfermé porque comí demasiado.

19 Complete the following sentences about you, your family, and your friends by writing the correct forms of the verbs in parentheses and adding other words.

MODELO   Yo **me divierto** (divertirse) cuando **remo en el Río Robledo.**

1. Mis amigos y yo _____ **nos divertimos** _____ (divertirse) mucho cuando _____ *Answers will vary.*

_____.

2. A veces yo _____ **me enfermo** _____ (enfermarse) cuando _____ *Answers will vary.*

_____.

3. Mi mejor amigo/a nunca _____ **se cansa** _____ (cansarse) cuando _____ *Answers will vary.*

_____.

4. Mis padres _____ **se quejan** _____ (quejarse) cuando yo _____ *Answers will vary.*

_____.

CAPÍTULO 5 Tercer paso

CAPÍTULO 6

De visita en la ciudad

■ PRIMER PASO

To ask for and give information, you'll need to refer to places around town. You'll also need to use the verbs **saber** and **conocer**.

■ **VOCABULARIO**   Places around town

1 Complete each definition with the correct word from the word bank.

> turista   se sube   letrero   conductor   semáforo   iglesia   se baja

1. Cuando una persona entra en el autobús se dice que "_____ **se sube** _____ al autobús".
2. Cuando una persona sale del autobús se dice que "_____ **se baja** _____ del autobús".
3. El _____ **semáforo** _____ es algo que ayuda a controlar *(control)* el tráfico.
4. Una persona que visita los lugares de interés se llama un _____ **turista** _____.
5. Una persona que maneja un autobús es un _____ **conductor** _____.
6. Puedes leer el _____ **letrero** _____ si necesitas información.

2 Use the clues to tell where Herminia is at various times of the day.

> el edificio   el semáforo   el puente   la parada del autobús   el río   la iglesia

MODELO   9:00   Está dejando su coche.
A las nueve está en el estacionamiento.

1. 9:30   Está esperando el autobús.
A las nueve y media está en la parada del autobús.

2. 10:00   Está hablando con el agente de viajes en su oficina.
A las diez está en el edificio.

3. 1:00   Está asistiendo a una boda.
A la una está en la iglesia.

4. 2:00   Está cruzando *(crossing)* el río.
A las dos está en el puente.

5. 5:00   Está mirando la ciudad desde *(from)* una lancha.
A las cinco está en el río.

> ## Nota Gramatical   The present tense of **saber**
>
> Here is the present tense of **saber**: **sé, sabes, sabe, sabemos**, sabéis, **saben.**

3 Complete Humberto's conversation with the correct forms of **saber.**

HUMBERTO   Perdone, ¿(1) _____ **sabe** _____ usted dónde está la oficina de turismo?

SRA. PONCE   No, yo no (2) _____ **sé** _____, pero pregúntales a esos señores allá.

HUMBERTO   ¿(3) _____ **Saben** _____ ustedes cómo se va a la oficina de turismo?

SR. ÁLVAREZ   Sí, claro, nosotros (4) _____ **sabemos** _____ muy bien dónde está la oficina de turismo. Está en la calle Market. Debes hablar con la señora Hidalgo.

Ella (5) _____ **sabe** _____ hablar español y te puede ayudar mucho.

4 Cecilia is presenting the results of a survey of what her classmates know about San Antonio. Complete her sentences with the correct forms of **saber.**

1. Yo / que San Antonio está en Texas

   Yo sé que San Antonio está en Texas.

2. Alicia y yo / que muchos turistas visitan San Antonio

   Alicia y yo sabemos que muchos turistas visitan San Antonio.

3. Fernando / que muchas personas hablan español allí

   Fernando sabe que muchas personas hablan español allí.

4. Paco y Luisa / dónde está el Álamo

   Paco y Luisa saben dónde está el Álamo.

5. Loretha / que hay partidos de fútbol en el Álamodome

   Loretha sabe que hay partidos de fútbol en el Álamodome.

5 Beatriz works in a tourist office in San Antonio. Based on her responses, write the questions these tourists are asking her. Be sure to use the verb **saber.**

SR. LÓPEZ   (1) ¿ **Sabe usted dónde está el restaurante Finni** _____?

BEATRIZ   No, señor, no sé dónde está el restaurante Finni.

SRA. ARGENSOLA   (2) ¿ **Sabe usted dónde puedo comprar unos vestidos bonitos** _____?

BEATRIZ   Sí, sé muy bien dónde puede comprar vestidos bonitos. ¡En La Villita!

SR. DELIBES   (3) ¿ **Saben ustedes mucho sobre la historia de San Antonio** _____?

BEATRIZ   Sí, sabemos mucho sobre la historia de San Antonio.

SRTA. JAMES   (4) ¿ **Sabe usted cuando fundaron la misión San José** _____?

BEATRIZ   Sí, sé cuándo fundaron *(they founded)* la misión San José. La fundaron en 1720.

*G*ramática   saber vs. conocer

Both **saber** and **conocer** mean *to know,* but they are used in different circumstances.
- **Saber** means *to know* facts or information.
    María no **sabe** dónde está el Álamo.
- When followed by an infinitive, **saber** means *to know how to do something.*
    ¿**Sabes** jugar al tenis?
- **Conocer** means *to know* or *to be acquainted with* a person or a place.
    ¿**Conoce** usted el Paseo del Río?
- Remember to use the personal **a** with people after **conocer**.
    ¿No **conoces a** Marta?

6 José Antonio is a Chilean exchange student living in Texas. Complete his letter to his mother with the correct forms of **conocer** or **saber.**

Me encanta Texas. Hace sólo un mes que estoy aquí, pero ya

(1) _____conozco_____ a muchas personas. Mi familia tejana

(2) _____sabe_____ mucho de la historia de Texas y ellos

(3) _____conocen_____ un millón de lugares super interesantes.

Voy este fin de semana a San Antonio con mi amigo Marc. Él

(4) _____conoce_____ a dos chicas de allí y ellas

(5) _____conocen_____ un parque nacional donde se puede bajar el

río en canoa. Mamá, ¿(6) _____sabes_____ tú que en Texas comen

mermelada de jalapeño? Si quieres te mando un poco.

7 How would you express the following things in Spanish?
1. You'd like to ask your friend if he or she is familiar with the **Paseo del Río**.
   ¿ **Conoces el Paseo del Río** ?
2. You'd like to ask your friends if they know some teachers in San Antonio.
   ¿ **Conocen ustedes a algunas profesoras en San Antonio** ?
3. You'd like to ask your friends if they are familiar with **la Torre de las Américas**.
   ¿ **Conocen ustedes la Torre de las Américas** ?
4. You'd like to ask your friend's parents if they know where **el Álamodome** is.
   ¿ **Saben ustedes dónde está el Álamodome** ?
5. You'd like to ask your teacher if he or she is familiar with the **Misión San José**.
   ¿ **Conoce usted la Misión San José** ?

CAPÍTULO 6   Primer Paso

■ SEGUNDO PASO

To relate a series of events that happened in the past, you'll need to use the preterite tense. You'll also need to refer to places you went and things you saw and did.

VOCABULARIO   Sightseeing and travel   You may want to point out that the accent is missing from **andén.**

8 Use the following clues to solve the crossword puzzle.

Horizontales

1. persona que viaja en un tren o avión
5. tipo de boleto que te permite ir a un lugar y regresar a casa (cuatro palabras)
7. persona que te lleva el equipaje

Verticales

2. lugar donde esperas el tren
3. el _____ botánico, lugar donde puedes ver plantas exóticas
4. otra palabra para **viaje**
6. lugar muy alto donde puedes ver toda la ciudad

Crossword:
- 1 across: p a s a j e r o
- 2 down: a n d é n
- 3 down: j a r d í n
- 4 down: r e c o r r i d o
- 5 across: d e i d a y v u e l t a
- 6 down: t o r r e
- 7 across: m a l e t e r o

9 Fill in the blanks in this conversation with the correct vocabulary words.

COLIN   Estoy muy emocionado porque acabo de comprar mi boleto de (1) **ida** y **vuelta** a Austin. Tengo que estar en la (2) **estación** de tren a las siete de la mañana.

CASSIE   ¿Con quién viajas?

COLIN   Bueno, voy a encontrar a mis tíos en el (3) **andén** a las siete y cuarto y todos viajamos juntos.

CASSIE   ¿Y qué piensas hacer en Austin?

COLIN   Creo que vamos al Parque Zilker para ver las flores bonitas en el (4) **jardín botánico** que tienen allí. Y después vamos a la Universidad de Texas.

CASSIE   La universidad tiene una (5) **torre** muy alta, ¿no?

COLIN   Creo que sí. ¡Qué ganas tengo de ir!

ASÍ SE DICE   Relating a series of events

10 Constance is telling you, in order, what she and her sisters did yesterday. Complete her sentences with appropriate vocabulary items from the word bank.

> Luego   A continuación   Por último   Primero   Después

Answers to items 2, 3, and 4 will vary. Possible answers:

1. _____Primero_____ yo llamé a mi abuelito.

2. _____Luego_____ mi hermana Kerry y yo escuchamos unos discos compactos.

3. _____Después_____ Kerry y mi otra hermana Marcie corrieron en el parque.

4. _____A continuación_____ Kerry se bañó y fue al cine.

5. _____Por último_____ estudiamos para nuestras clases y nos acostamos.

¿Te acuerdas?   The preterite

- Use the preterite to list a series of actions completed in the past.
- The preterite endings for regular -**ar**, -**er**, and -**ir** verbs are as follows:

-AR		-ER and -IR	
nadé	nadamos	comí	comimos
nadaste	nadasteis	comiste	comisteis
nadó	nadaron	comió	comieron

---

11 Aurelia is talking about what she and her family did on the first day of their vacation. Fill in the blanks with the correct preterite forms of the verbs in parentheses.

Nosotros (1) _____llegamos_____ (llegar) al hotel a las diez de la mañana. Mis padres

(2) _____descansaron_____ (descansar) allí hasta el mediodía. Mis hermanas Lidia y

Anastasia (3) _____miraron_____ (mirar) una película a la una y después nosotros

(4) _____fuimos_____ (ir) al parque de atracciones. Nos (5) _____gustó_____

(gustar) mucho el parque y nos (6) _____divertimos_____ (divertir) mucho allí. Mis

padres (7) _____compraron_____ (comprar) algunas cosas en el centro comercial a

las cinco y luego nosotros (8) _____fuimos_____ (ir) al mejor restaurante de

la ciudad, El Sol Azteca. Nos (9) _____encantó_____ (encantar) el lugar. Yo

(10) _____comí_____ (comer) las mejores enchiladas del mundo. ¡Tienes que

visitarlo algún día! Por último nosotros (11) _____regresamos_____ (regresar) al hotel.

CAPÍTULO 6 Segundo Paso

Nombre _____ Clase _____ Fecha _____

12 What did these people do last Saturday? Write sentences using the preterite and appropriate expressions from the word bank. *Answers will vary. Possible answers:*

MODELO Mary: ir a la playa / mirar una película / escribir unas cartas
<u>Primero, Mary fue a la playa. Después miró una película y por último escribió unas cartas.</u>

| primero | a continuación | después | luego | por último |

1. Alan y yo: ir a un partido de fútbol / visitar el jardín botánico / salir con nuestros amigos
<u>Primero Alan y yo fuimos a un partido de fútbol. Luego visitamos el jardín botánico y</u>
<u>después salimos con nuestros amigos.</u>

2. Chad: mirar una película / comprar unos discos compactos nuevos / llamar a su abuela
<u>Primero Chad miró una película. Después compró unos discos compactos nuevos y por</u>
<u>último llamó a su abuela.</u>

13 Phil made some notes about the day he just spent with his grandparents in south Texas. Based on his notes, write his description of what he and his grandparents did, using the preterite and expressions from **Así se dice** on page 168 of your textbook.

10:00	Yo — comprar regalos para mi familia
10:30	abuelita — caminar en el parque Bentsen
1:00	abuelos — descansar
2:00	abuelito y yo — ir a Reynosa
7:00	abuelos y yo — comer en un restaurante mexicano

Answers will vary. Possible answers:

<u>Primero compré unos regalos para mi familia. Luego abuelita caminó con el perro en el</u>
<u>parque Bentsen. A continuación mis abuelos descansaron un rato. Después, a las dos de</u>
<u>la tarde, abuelito y yo fuimos a Reynosa, y por último mis abuelos y yo comimos en un</u>
<u>restaurante mexicano.</u>

CAPÍTULO 6 Segundo Paso

50 Cuaderno de gramática, Teacher's Edition

Holt Spanish 2 ¡Ven conmigo!, Chapter 6

Copyright © by Holt, Rinehart and Winston. All rights reserved.

3 Find out what the following famous people used to do when they were young by combining elements from the three columns. Be sure to use the imperfect tense.

COLUMN A	COLUMN B	COLUMN C
El escritor Carlos Fuentes	hacer	a la gente de su pueblo
La cantante Linda Ronstadt	escribir	mucho ejercicio
El artista Pablo Picasso	pintar	muchas cartas
La tenista Arantxa Sánchez Vicario	cantar	canciones para su padre
El jugador de fútbol americano Dan Marino	practicar	el tenis todos los días

1. El escritor Carlos Fuentes escribía muchas cartas.

2. La cantante Linda Ronstadt cantaba canciones para su padre.

3. El artista Pablo Picasso pintaba a la gente de su pueblo.

4. La tenista Arantxa Sánchez Vicario practicaba el tenis todos los días.

5. El jugador de fútbol americano Dan Marino hacía mucho ejercicio.

4 Paula is talking on the phone to her pen pal. Write the questions that her pen pal asked her. *Answers will vary. Possible answers:*

GLORIA (1) ¿Dónde vivías cuando eras niña?

PAULA Vivía en Guatemala cuando era niña.

GLORIA (2) ¿Adónde iban de vacaciones?

PAULA Mi familia y yo pasábamos los veranos en Antigua.

GLORIA (3) ¿Qué hacías en el verano?

PAULA En el verano jugaba mucho al fútbol con mis amigos allá en Antigua.

GLORIA (4) ¿Hacía mucho calor allá?

PAULA No hacía ni mucho calor ni mucho frío.

GLORIA (5) ¿A qué hora regresabas a casa?

PAULA Normalmente regresaba a casa a las siete porque cenábamos temprano.

5 You're being interviewed for your school newspaper. Answer the following questions about what life was like when you were nine years old.

1. ¿A qué escuela asistías?

Answers will vary.

2. ¿Con quién almorzabas en la cafetería?

3. ¿Cómo se llamaban tus maestros entonces?

4. ¿Tenías muchos amigos?

5. ¿Qué hacías por la tarde después de tus clases?

Nota Gramatical   The imperfect of **ir** and **ver**

The verbs **ir** and **ver** are irregular in the imperfect tense.

IR		VER	
iba	íbamos	veía	veíamos
ibas	ibais	veías	veíais
iba	iban	veía	veían

6 Cristina is telling her Spanish teacher what she and her family used to see when they went to various places. Complete Cristina's sentences with the imperfect forms of **ir** or **ver**.

1. Cuando Raúl y Julio _____ **iban** _____ al colegio, _____ **veían** _____ a todos sus amigos.

2. Cuando Jennifer _____ **iba** _____ al parque, _____ **veía** _____ muchas flores.

3. Cuando nosotros _____ **íbamos** _____ al cine, _____ **veíamos** _____ películas cómicas.

4. Cuando yo _____ **iba** _____ al museo, _____ **veía** _____ arte moderno.

5. Y usted, señor, cuando era niño, ¿adónde _____ **iba** _____ y qué _____ **veía** _____ ?

VOCABULARIO   Childhood activities

7 Complete the crossword puzzle using the clues provided. Use vocabulary from page 198 of your textbook.

Horizontales

1. A Diego le gustaba _____ casas de cartas.

5. David no era muy simpático; le gustaba _____ con los otros chicos.

6. María siempre hacía _____. Un día asustó a su hermano menor y lo hizo llorar.

7. A Patricio no le gustaba _____ sus juguetes con otros niños.

Crossword grid:

Across: 1. construir 5. pelear 6. travesuras 7. compartir

Down: 1. chistes 2. trepaba 3. soñaría(soñaçar) 4. asustarse

Verticales

1. Carla es una persona cómica. Siempre cuenta _____ en clase.

2. De niña a Patricia le gustaba _____ a los árboles con sus hermanos.

3. En clase Pablo no trabajaba. Prefería _____ ____ ser un actor famoso.

4. Si Pablo ve una araña *(spider)*, va a _____ .

■ SEGUNDO PASO

To describe what people and things were like, you may need to use conjunctions, the verbs **ser** and **haber** in the imperfect tense, and some appropriate adjectives. You may also want to talk about city life and public services.

Nota *G*ramatical   When to change **y** to **e** and **o** to **u**

The conjunction **y** *(and)* changes to **e** before a word beginning with an "i" sound.
The conjunction **o** *(or)* changes to **u** before a word beginning with an "o" sound.

Pablo **e** Hilaria van a venir mañana.
¿Hay más mujeres **u** hombres en tu clase?

8 Alejandro is describing some of his friends. Fill in the blanks with **y** or **e**, as appropriate.

1. Clemente es divertido ____e____ inteligente. Es un estudiante muy aplicado.

2. Marta y Luisa son listas ____y____ cómicas y cuentan muchos chistes.

3. Carolina es tímida ____e____ introvertida. No habla mucho en clase.

4. Pilar y Jasón son altos ____y____ atléticos y practican muchos deportes.

5. José es un poco rebelde ____e____ irresponsable pero es una persona buena.

6. Pamela y Carmen son bonitas ____y____ elegantes y son inteligentes también.

7. Diana es misteriosa ____e____ interesante y me gusta hablar con ella.

8. Héctor ____e____ Ignacio son buenos amigos. Practican el fútbol juntos.

9 Laura is asking her family about their plans for their summer trip to Florida. Complete her questions with **o** or **u**.

1. ¿Vamos a estar en la playa por siete ____u____ ocho días, mamá?

2. ¿Vamos a Miami ____o____ a Orlando? ¿Y cuál vamos a visitar primero?

3. ¿Compramos billetes para dos días en Disney World ____o____ uno, papá?

4. ¿Es bonito ____u____ ordinario el Hotel Reina de la Playa?

5. ¿Está en la calle noventa ____u____ ochenta nuestro hotel?

6. ¿Vamos a bucear ____o____ nadar el fin de semana que viene?

7. ¿Tenemos diez ____u____ once días de vacaciones este verano?

8. ¿Salimos a las nueve ____o____ a las ocho el sábado?

9. ¿Cuál de mis primos va a venir, Lucinda ____u____ Honorato?

10. ¿Reservamos nuestros boletos para el avión mañana ____u____ hoy?

Nota *G*ramatical The imperfect of **ser**

The forms of **ser** in the imperfect are:

yo **era**	nosotros **éramos**
tú **eras**	vosotros erais
él / ella / usted **era**	ellos / ellas / ustedes **eran**

10 Luis is talking to his friend Gina about how things have changed since they graduated from high school ten years ago. Fill in the blanks with the correct imperfect forms of the verb **ser**.

Gina, en el colegio tú (1) _____ **eras** _____ muy conservadora pero ahora eres

liberal. Oye, mira. Allí está Julia. Antes ella (2) _____ **era** _____ rubia pero

ahora es morena. Allí a la derecha están Josefina y su hermana. Ellas

(3) _____ **eran** _____ bajas pero ahora son altas. Siempre quería hablar con

ellas pero antes yo (4) _____ **era** _____ muy tímido. Ahora soy mucho más

extrovertido. Nosotros (5) _____ **éramos** _____ muy jóvenes, ¿no? ¡Pero ahora todos

somos tan viejos!

11 Write sentences telling an old friend what the following people were like as children. Be sure to use the imperfect tense. Your sentences may be affirmative or negative.

creativo	inteligente	divertido	travieso
extrovertido	tímido	simpático	cómico

1. Mis padres _____ *Answers will vary.* _____

   _____ .

2. Mi mejor amigo/a _____

   _____ .

3. Mi profesor/a _____

   _____ .

4. Mi abuelo/a _____

   _____ .

5. Yo _____

   _____ .

6. Tú y yo _____

   _____ .

Holt Spanish 2 ¡Ven conmigo!, Chapter 7

VOCABULARIO   Describing people

12 Read the following descriptions of Gerardo's childhood friends. Write **sí** beside the descriptions if they make sense and **no** if they don't. If a description isn't logical, make it logical by rewriting the second sentence of the description in the space provided. *Rewriting of illogical descriptions will vary.*

___sí___ 1. Enrique era consentido. Siempre recibía todo lo que pedía.

_____

___no___ 2. Susana era muy conversadora. No le gustaba hablar con nadie.

Le gustaba hablar con todo el mundo.

___no___ 3. Marco era un chico bondadoso. Nunca ayudaba a los otros estudiantes con sus problemas.

Siempre ayudaba a los otros estudiantes con sus problemas.

___sí___ 4. Lupita era bastante impaciente. Ella nunca podía esperar sin quejarse.

_____

___no___ 5. Humberto era solitario. Prefería estar con mucha gente.

No le gustaba estar con mucha gente.

13 Read about what the following people used to do when they were younger. Then, use an adjective from the word bank to write a sentence about each person.

| impaciente | bondadoso | egoísta | aventurero | solitario | conversador |

MODELO   Tú pasabas todo el día hablando por teléfono.
          Tú eras muy conversador.

1. Claudia pasaba horas y horas sola en la playa.
   Claudia era solitaria.

2. Mis dos hermanos escalaban montañas, buceaban y viajaban a muchos lugares exóticos.
   Mis dos hermanos eran aventureros.

3. Mi madre era voluntaria en el hospital.
   Mi madre era bondadosa.

4. Yo nunca hacía cola porque no me gustaba esperar.
   Yo era impaciente.

5. Hernán nunca compartía dulces con sus hermanos.
   Hernán era egoísta.

6. Tú hablabas todo el tiempo con tus amigos.
   Tú eras conversador/a.

VOCABULARIO City life

14 Write the vocabulary words that have the **opposite** meaning of the words below. Then circle the opposite words in the puzzle.

1. silencio _____ruido_____
2. aire puro _____contaminación_____
3. pequeño _____gigantesco_____
4. tranquilo _____ruidoso_____
5. difícil _____sencillo_____

```
N Ó I C A N I M A T N O C
A S Q W E N D L R P I B Z
G I G A N T E S C O Z M U
O V F E M A O M Q R E A O
Ó N C I O D R U I D O S O
A F E R I C O N T M I S R
T V B U X A E U I O S O D
E O R Y Z O L L I C N E S
```

15 Complete this paragraph with the correct forms of the words in the word bank.

ruido	fábrica	gigantesco		tránsito
sencillo	aire puro		contaminación	

En aquellos días Miami era mucho más pequeño. Los edificios no eran

(1) _____gigantescos_____ como ahora. El (2) _____tránsito_____ no era un

problema porque no había carros. La música era más bonita. Ahora lo que los jóvenes

llaman música es, en mi opinión, puro (3) _____ruido_____. El agua y las

playas eran más limpias porque no había (4) _____contaminación_____ de las

(5) _____fábricas_____. Ah, la vida era mucho más (6) _____sencilla_____.

VOCABULARIO Public services and conveniences

16 Which of the things in the word bank would you use in the following situations?

la estufa	el aire acondicionado	la calefacción
la lámpara de la calle		el agua corriente

_____la calefacción_____ 1. Hace mucho frío en la casa.

_____el agua corriente_____ 2. Tienes sed y quieres un vaso de agua.

_____el aire acondicionado_____ 3. Hace mucho calor en la casa.

_____la estufa_____ 4. Vas a preparar una cena especial para tus padres.

Nota Gramatical   The imperfect of hay

Remember that **hay** means *there are* or *there is*. The imperfect of **hay** is **había**, which means *there was*, *there were*, or *there used to be*. The plural forms are the same as the singular.

17 Mr. Arce is telling his class what his city was like when he was a teenager. Complete his description by rearranging the words below and using the imperfect of **hay**.

1. mi ciudad / en / menos / hay / violencia
   Había menos violencia en mi ciudad.

2. más / parques / hay / los / en / árboles
   Había más árboles en los parques.

3. hay / playas / en / menos / hoteles / las
   Había menos hoteles en las playas.

4. las / tránsito / ciudades / menos / en / hay
   Había menos tránsito en las ciudades.

5. del / contaminación / menos / aire / hay / también
   Había menos contaminación del aire también.

18 Find out what life was like in Ponce according to Uncle Martín by filling in the blanks with **había** or the correct imperfect form of **ser**.

Cuando (1) ____era____ niño la vida (2) ____era____ mucho más tranquila. No (3) ____había____ tanta contaminación de los carros. El aire (4) ____era____ puro y el agua, clara. No (5) ____había____ peligro *(danger)* en las ciudades como ahora. Caminaba solo por la noche sin preocuparme. Mi familia platicaba por la noche. (6) ____Había____ unas conversaciones muy interesantes. Ahora todos miran la televisión. Ah, la vida en aquellos días (7) ____era____ bellísima.

19 What were the following people and things like ten years ago? Complete the sentences using the imperfect tense.

1. Mi escuela ___*Answers will vary.*___

   _____ .

2. La calle donde yo vivía _____

   _____ .

3. Mis amigos/as _____

   _____ .

■ TERCER PASO

To describe people, you may want to use comparisons of equality.

> *G*ramática   Comparisons of equality
>
> Use **tan** + *adjective* or *adverb* + **como** to compare qualities of people or things that are the same or equal.
>
> Yo soy **tan** responsable **como** Michael.
> Él llegó a clase **tan** tarde **como** yo.
> Juan corre **tan** rápidamente **como** Ana.

20 Claudia is comparing her dogs Jazz and Pablo. The only difference between them is that Jazz is larger and runs faster. Write what Claudia says, using comparisons of equality.

MODELO   simpático   **Pablo es tan simpático como Jazz.**

1. independiente **Pablo es tan independiente como Jazz.**

2. fuerte **Jazz es tan fuerte como Pablo.**

3. bonito **Pablo es tan bonito como Jazz.**

4. rebelde **Jazz es tan rebelde como Pablo.**

5. inteligente **Pablo es tan inteligente como Jazz.**

6. impaciente **Jazz es tan impaciente como Pablo.**

21 Read the following descriptions. Then use the adjectives and adverbs in the word bank to compare the players on Raúl's football team.

grande	alto	inteligente	fuerte	rápido	tarde

1. Gilberto puede levantar 90 kilos. Rafael también puede levantar 90 kilos.
   Gilberto es tan fuerte como Rafael.

2. Alejo mide 3 metros y Andrés mide 3 metros también.
   Alejo es tan alto como Andrés.

3. El partido empezó a las dos. Ricardo llegó a las dos y cuarto y Paco también.
   Ricardo llegó tan tarde como Paco.

4. Emilio y Sergio corrieron cien metros en once segundos hoy.
   Emilio corrió tan rápido como Sergio.

5. Gustavo y Francisco pesan *(weigh)* 250 libras.
   Gustavo es tan grande como Francisco.

*G*ramática   Comparisons of equality

To compare quantities that are the same or equal, use the following formulas:

tanto / tantos + *noun* + **como**

tanta / tantas + *noun* + **como**

Hay **tanto** tránsito en Miami **como** en Nueva York.

Había **tantas** chicas **como** chicos en mi clase.

22 Gloria is comparing her classes with her sister's classes. Complete her sentences with **tanto**, **tantos**, **tanta**, or **tantas**.

1. Yo tengo _____ **tantas** _____ clases como tú, Margarita.

2. Mis profesores no dan _____ **tanta** _____ tarea como tus profesores.

3. Necesito leer _____ **tantos** _____ libros para mi clase de literatura como tú.

4. No tengo _____ **tantos** _____ problemas en matemáticas como tú.

5. En mis clases los estudiantes no hacen _____ **tanto** _____ ruido como en tus clases.

6. No hay _____ **tantos** _____ estudiantes en mis clases como en tus clases.

23 Marta works weekends in a supermarket. Write comparisons of equality based on her inventory list.

MODELO   24 naranjas; 24 manzanas

Hay tantas naranjas como manzanas.

1. *39 plátanos; 39 piñas*

Hay tantos plátanos como piñas.

2. *123 refrescos de naranja; 123 refrescos de limón*

Hay tantos refrescos de naranja como refrescos de limón.

3. *75 naranjas; 75 piñas*

Hay tantas naranjas como piñas.

4. *40 litros de leche; 40 litros de jugo de naranja*

Hay tanta leche como jugo de naranja.

5. *50 kilos de carne de res; 50 kilos de pollo*

Hay tanta carne de res como pollo.

CAPÍTULO 8 Diversiones

■ PRIMER PASO

To describe a past event, you may want to use -**ísimo/a** endings to express *really* or *extremely,* as well as superlatives (*the most . . . , the least . . . ,* etc.). You may also want to talk about places you've been, such as movies, amusement parks, and zoos.

> ## Nota *G*ramatical   Adjectives ending in **ísimo/a**
>
> In English, we emphasize adjectives by placing *really* or *extremely* in front of them. To emphasize an adjective in Spanish, drop the vowel ending of the adjective and add -**ísimo**, -**ísimos**, -**ísima**, or -**ísimas**.
>
>   La vida en París era cara pero en Nueva York era **carísima**.

1 Rafael is very proud of his brother. Complete the following paragraph by adding the -**ísimo/a** endings to the adjectives and adverbs in parentheses.

Mi hermano mayor Esteban es (1) _____**inteligentísimo**_____ (inteligente). Saca

notas (2) _____**buenísimas**_____ (bueno) en todas sus clases. Toma

unas clases (3) _____**dificilísimas**_____ (difícil). También juega al fútbol con

sus amigos. Esteban y sus amigos son (4) _____**altísimos**_____

(alto) y (5) _____**rapidísimos**_____ (rápido). Esteban

tiene una novia (6) _____**guapísima**_____ (guapo). Ella también

es (7) _____**interesantísima**_____ (interesante). Yo quiero ser exactamente como mi

hermano Esteban.

2 Use the adjectives below to write sentences describing people or things you're familiar with. Use the -**ísimo/a** ending.

1. (divertido) *Answers will vary.* _____

2. (difícil) _____

3. (contento) _____

4. (importante) _____

5. (ocupado) _____

6. (alto) _____

VOCABULARIO   Places of recreation

3 Cecilia went to a lot of places this weekend. Indicate whether she saw the following things at the a) **zoológico**, b) **parque de atracciones**, or c) **cine**.

___a___ 1. un cocodrilo de Florida

___c___ 2. el estreno de *Justicia*

___a___ 3. una serpiente

___b___ 4. una montaña rusa grande

___c___ 5. una estrella de Hollywood

___a___ 6. un loro de muchos colores

___b___ 7. unos carros chocones

___b___ 8. una rueda de Chicago gigantesca

4 Sergio went to the zoo this weekend. Write the names of the animals he saw.

___el cocodrilo___ 1. Este animal peligroso pasa mucho tiempo en el agua y tiene una boca grande con muchos dientes.

___el mono___ 2. A este animal le gusta trepar a los árboles y comer plátanos.

___el loro___ 3. Este pájaro *(bird)* es de muchos colores.

___la tortuga___ 4. Este animal tranquilo nada en el agua y camina despacio.

___la serpiente___ 5. Este animal es delgado y largo y puede ser peligroso.

*G*ramática   Superlatives

1. To refer to people or things as *the most* or *the least*, use the following formula:

definite article + *noun* + **más** / **menos** + *adjective* (+ **de**)

El actor más guapo de España es Antonio Banderas.

5 Unscramble the following sentences to find out what the famous movie critic Jaime Miratodo had to say about the **Festival de Cine Ponceño**.

1. más / es la estrella / Lupita Cárdenas / de Hollywood / bella

   Lupita Cárdenas es la estrella más bella de Hollywood.

2. del festival / tiene los efectos especiales / *Galaxias VI* / maravillosos / más

   Galaxias VI **tiene los efectos especiales más maravillosos del festival.**

3. *Silvio* / del festival / menos / fue el estreno / popular

   Silvio **fue el estreno menos popular del festival.**

4. Felipe Sooner / original / más / de hoy / es el director

   Felipe Sooner es el director más original de hoy.

CAPÍTULO 8 Primer paso

6 Imagine you're a contestant on a TV game show. Use clues from each word box to write appropriate questions for the following answers. Be sure to use **¿Cuál es . . . ?**.

animal   país
serpiente
deporte   perra

grande   pequeño
largo
famoso   popular

África   mundo
América Latina
Puerto Rico
Hollywood

1. La respuesta es *El Salvador*.   *Answers will vary. Possible answers:*

   ¿ **Cuál es el país más pequeño de América Latina** ?

2. La respuesta es *el elefante*.

   ¿ **Cuál es el animal más grande de África** ?

3. La respuesta es *Lassie®*.

   ¿ **Cuál es la perra más famosa de Hollywood** ?

4. La respuesta es *la pitón*.

   ¿ **Cuál es la serpiente más larga del mundo** ?

5. La respuesta es *el béisbol*.

   ¿ **Cuál es el deporte más popular de Puerto Rico** ?

---

*G*ramática   The superlatives **mejor** and **peor**

    2. **Bueno** and **malo** have the irregular forms **mejor** and **peor**. Notice that you don't need to use **más** or **menos**.

        En mi opinión, la **mejor** actriz del mundo es Glenn Close.

        La **peor** película del festival fue *Andrés*.

---

7 Patricia has very strong opinions about three amusement parks. Complete her descriptions with the appropriate superlatives.

MODELO   Los perros calientes en Dallas y Houston son buenos pero los perros calientes en Atlanta son **los mejores del mundo.**

1. Las montañas rusas en Houston y Dallas son malas pero la montaña rusa en Atlanta es **la peor** .

2. Los carros chocones en Dallas y Atlanta son buenos pero los carros chocones en Houston son **los mejores** .

3. Las ruedas de Chicago en Dallas y Atlanta son malas pero la rueda de Chicago en Houston es **la peor** .

4. Las hamburguesas en Atlanta y Houston son buenas pero las hamburguesas en Dallas son **las mejores** .

■ SEGUNDO PASO

To say why you couldn't do something, you may want to refer to running errands. You may also need to use verbs followed by prepositions as well as talk about things that were going on at the same time.

VOCABULARIO   Running errands

8 Emilio ran some errands for his father yesterday. Put the list of places that he went in the correct order from 1 to 6 according to the following chart.

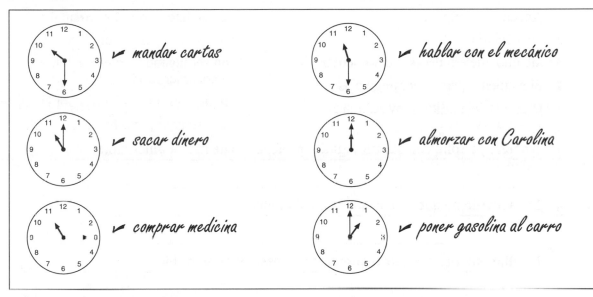

mandar cartas

hablar con el mecánico

sacar dinero

almorzar con Carolina

comprar medicina

poner gasolina al carro

_____4_____ **a.** Llevó el carro al taller.

_____5_____ **b.** Fue al restaurante.

_____1_____ **c.** Pasó por el correo.

_____6_____ **d.** Llevó el carro a la gasolinera.

_____3_____ **e.** Pasó por la farmacia.

_____2_____ **f.** Pasó por el banco.

9 Based on what the following people said to Mrs. Garza, describe the errands she was running.

MODELO —Debe lavarse los dientes todos los días. **Ella fue a una cita con el dentista.**

1. —Señora, es necesario cambiar el motor de su carro.
   Ella llevó el carro al taller.

2. —Usted necesita tomar la medicina cada dos horas y llamar al doctor mañana.
   Ella pasó por la farmacia.

3. —¿Debo llenar el tanque, señora?
   Ella llevó el carro a la gasolinera.

4. —Aquí tiene sus cheques de viajero.
   Ella pasó por el banco.

5. —Sí, señora, necesita dos estampillas de cincuenta centavos.
   Ella pasó por el correo.

CAPÍTULO 8 Segundo paso

Nota Gramatical   Verbs followed by a preposition

Many of the verbs you've already learned are followed by a preposition.
Julio se bajaba **del** autobús mientras Macarena se subía **al** autobús.

10 Find out about Cristóbal's dream by combining the elements in the first column with the elements in the second column. Write the completed sentences in the blanks below.

COLUMN A	COLUMN B
1. Anoche yo soñé. . .	de que hablé con Mike Shanahan.
2. Me acuerdo. . .	a mi primer partido profesional.
3. Me dijo que era necesario aumentar. . .	con ser jugador profesional de fútbol americano.
4. El siguiente *(next)* domingo asistí. . .	en jugar otra vez el lunes por la noche.
5. Después del partido Troy Aikman y yo quedamos. . .	de peso para jugar bien.

1. **Anoche yo soñé con ser un jugador profesional de fútbol americano.**

2. **Me acuerdo de que hablé con Mike Shanahan.**

3. **Me dijo que fue necesario aumentar de peso para jugar bien.**

4. **El siguiente domingo asistí a mi primer partido profesional.**

5. **Después del partido Troy Aikman y yo quedamos en jugar otra vez el lunes por la noche.**

11 Inés is writing a letter to her friend Héctor to tell him about what happened to her today. Fill in the blanks with the correct prepositions.

Nunca vas a creer lo que me pasó hoy. Yo hablé (**1**) _____**por**_____

teléfono con María y me dijo que este fin de semana fue

(**2**) _____**a**_____ San Antonio. Tenía que reunirse

(**3**) _____**con**_____ su padre. Ellos pasaban (**4**) _____**por**_____

el Paseo del Río cuando vieron a Juan, mi novio. Montaba

(**5**) _____**en**_____ bicicleta con mi mejor amiga Jennifer. ¿Qué

debo hacer?

Holt Spanish 2 ¡Ven conmigo!, Chapter 8

> ## Nota *G*ramatical   The imperfect with **mientras**
>
> To talk about two things that were happening at the same time in the past, use **mientras** and the imperfect tense.
>
> Ellos **miraban** la televisión **mientras** José **estudiaba**.

12 Lina is talking to you about what was going on at the gym last night. Fill in the blanks with the imperfect tense of the verbs in parentheses to find out what everyone was doing.

Había mucha gente en el Gimnasio Benavides el sábado por la noche. A las cinco Julio jugaba al baloncesto. Él **(1)** ____jugaba____ (jugar) mientras su amigo Emiliano y yo **(2)** ____hablábamos____ (hablar) con Josefina. A las cinco y cuarto Carolina empezó a levantar pesas. Ella **(3)** ____levantaba____ (levantar) pesas mientras Susana y Juan **(4)** ____asistían____ (asistir) a una clase de aeróbicos. A las cinco y media Toby practicaba el atletismo. Él **(5)** ____corría____ (correr) mientras tú **(6)** ____te estirabas____ (estirarse), ¿no?

13 Based on the clues, tell what Katrina and Vladimir were doing at each time of day.

MODELO   A las ocho y media Katrina estaba en el Cine Mar y Vladimir estaba en su oficina.
   Katrina miraba una película mientras Vladimir trabajaba.

Answers will vary. Possible answers:

| estudiar | poner | acompañar | mandar |
| correr | comprar | comer | sacar |

1. A las cuatro y media Katrina estaba en el correo y Vladimir estaba en el banco.

   Katrina mandaba una carta mientras Vladimir sacaba dinero.

2. A las cinco y cuarto Vladimir estaba en la biblioteca y Katrina estaba en el Supermercado Muchacomida.

   Vladimir estudiaba para un examen mientras Katrina iba de compras.

3. A las seis Vladimir estaba en el Restaurante Fruto del Mar y Katrina estaba en la gasolinera Petro-Stop.

   Vladimir comía pescado mientras Katrina ponía gasolina al carro.

CAPÍTULO 8 Segundo paso

Nombre _____ Clase _____ Fecha _____

■ TERCER PASO

To report what someone said, you'll need to use the verb **decir** in the preterite. You may also want to use festival vocabulary to tell people about fun things others did.

VOCABULARIO Festivals

14 Unscramble the following words, using the clues given. Then, use the letters in the highlighted squares to write another word for **disfrutar**.

1. Gente, músicos y carrozas pasan por la calle. **siledef**

d	e	s	f	i	l	e

2. Es un traje de Halloween. **zrfaids**

d	i	s	f	r	a	z

3. Es el acto de poner decoraciones. **roecrda**

d	e	c	o	r	a	r

4. Es una gran fiesta... por ejemplo, para celebrar un día nacional. **stveilfa**

f	e	s	t	i	v	a	l

5. Son carros grandes con decoraciones. **caorrzsa**

c	a	r	r	o	z	a	s

En los festivales, a la gente le gusta __divertirse__.

15 Now use the words you unscrambled in activity 14 to fill in Karin's e-mail to Wendy about her trip to Puerto Rico.

Este fin de semana fui a Hatillo, un pequeño pueblo aquí en Puerto Rico. Asistí al (1) __Festival__ de Las Máscaras. Había un (2) __desfile__ enorme con músicos que pasaba por las calles. Un grupo de estudiantes diseñó una (3) __carroza__ muy bonita. Era un carro decorado con flores de Puerto Rico. Ellos empezaron a (4) __decorar__ el carro en octubre. Un hombre tenía un (5) __disfraz__ increíble de pantalones, chaqueta, sombrero y máscara amarillos. Fue maravilloso.

Un abrazo bien fuerte de tu amiga,

Karin

*G*ramática   The preterite of **decir**

1. The verb **decir** *(to tell)* is irregular in the preterite.

yo **dije**	nosotros **dijimos**
tú **dijiste**	vosotros dijisteis
él / ella / usted **dijo**	ellos / ellas / ustedes **dijeron**

2. When reporting how someone felt in the past, use **decir** in the preterite followed by the imperfect of a verb that expresses emotions or reactions.

   Pablo me **dijo** que no le **gustaba** la fiesta.

   Yo le **dije** a Ricardo que **estaba** enojado.

16 Sandra is upset because she thinks Rolando has been gossiping about her. Fill in the blanks in their conversation with the correct preterite forms of **decir.**

SANDRA ¿Por qué (1) _____**dijiste**_____ tú que yo no soy buena estudiante?

ROLANDO Te digo la pura verdad, Sandra, yo no lo (2) _____**dije**_____.

SANDRA Entonces ¿quién lo (3) _____**dijo**_____? La verdad es que creo que lo

(4) _____**dijeron**_____ tú y Raquel.

ROLANDO ¡Ay no, Sandra! Raquel y yo no lo (5) _____**dijimos**_____. ¡Yo creo que lo

(6) _____**dijo**_____ Mónica!

SANDRA No, ya hablé con ella y ella no lo (7) _____**dijo**_____.

ROLANDO ¡Entonces lo (8) _____**dijeron**_____ Berta y José! ¡Habla con ellos!

17 Carlos is talking about what people told him about the party last night. Write what he says according to the model.

MODELO Carlos y Juan / hay mucha gente
        Carlos y Juan me dijeron que había mucha gente.

1. Anita / la música ser muy buena
   Anita me dijo que la música era muy buena.

2. Miguel y Carmen / todos estar muy contentos
   Miguel y Carmen me dijeron que todos estaban muy contentos.

3. Susana / ella estar muy cansada después de la fiesta
   Susana me dijo que estaba muy cansada después de la fiesta.

4. Tú / la comida estar deliciosa
   Tú me dijiste que la comida estaba deliciosa.

5. Y Sofía / a ella no gustarle la música
   Y Sofía me dijo que a ella no le gustaba la música.

CAPÍTULO 8 Tercer paso

CAPÍTULO 9

¡Día de mercado!

■ PRIMER PASO

To ask for and give directions, you'll need to use formal commands as well as some specific vocabulary related to getting around town.

VOCABULARIO Getting around town

1 Based on the directions below, write the letter corresponding to each place on the map.

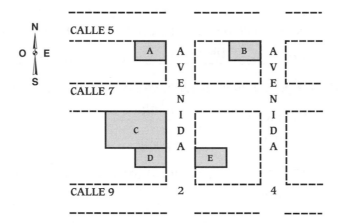

___B___ 1. La Joyería Cristóbal está en la esquina de la Calle 5 y la Avenida 4.

___A___ 2. El Cine Mar está a una cuadra al oeste de la Joyería Cristóbal.

___C___ 3. El Restaurante Rancho Luna está en la esquina de la Calle 7 y la Avenida 2.

___D___ 4. La Zapatería Tica Linda está al lado del Restaurante Rancho Luna.

___E___ 5. El Supermercado Más por Menos está delante de la Zapatería Tica Linda.

2 Now use the map in Activity 1 to give directions to the following places.

1. Estoy en "B" y necesito ir a "E".   *Answers will vary. Possible answers:*
   Toma la Calle 5 a la izquierda hasta llegar a la esquina. Luego dobla a la izquierda y
   sigue derecho. El supermercado queda a la izquierda.

2. Estoy en "C" y necesito ir a "B".
   Sube por la Avenida 2 hasta la Calle 5. Dobla a la derecha y sigue hasta encontrar la
   joyería. Queda a la derecha.

3. Estoy en "A" y necesito ir a la esquina de la Calle 9 y la Avenida 4.
   Toma la Calle 5 hasta la Avenida 4. Dobla a la derecha y camina dos cuadras.

*G*ramática Formal commands

1. Formal commands are used with people you address as **usted** and **ustedes**. Here's how to form these commands:

   Using the present-tense **yo** form, drop the **-o** ending, and...

   a. for **-ar** verbs add **-e** or **-en**:

   Estudi**o** → ¡Estudi**e** (usted)! ¡Estudi**en** (ustedes)!

   b. for **-er** and **-ir** verbs add **-a** or **-an**:

   Com**o** → ¡Com**a** (usted)! ¡Com**an** (ustedes)!
   Viv**o** → ¡Viv**a** (usted)! ¡Viv**an** (ustedes)!

3 You're taking your neighbor's children to the circus. Tell them what to do and not to do, using **ustedes** commands.

MODELO **¡No caminen** (caminar) rápidamente!

1. _____**Beban**_____ (beber) agua antes de salir.

2. _____**Cierren**_____ (cerrar) las ventanas antes de salir.

3. _____**No abran**_____ (abrir) la puerta del carro.

4. _____**No escriban**_____ (escribir) en los boletos.

5. _____**No coman**_____ (comer) demasiado.

6. _____**Esperen**_____ (esperar) pacientemente.

4 Using formal commands, tell the following people what to do to solve their problems.

| visitar | descansar | preparar | leer | abrir | estudiar |

Answers will vary but will contain the indicated command forms:

1. Tu abuela está muy cansada porque no durmió muy bien anoche.

   Descanse, abuela.

2. Roberto y Catalina tienen un examen mañana y están preocupados.

   Estudien mucho y no se preocupen.

3. Hace calor y no hay aire acondicionado en el carro del señor Obregón.

   Abra la ventana, por favor.

4. Los García quieren saber más sobre la historia del arte moderno.

   Visiten el Museo de Arte Moderno.

5. La señora Maldonado no sabe qué debe preparar para la cena.

   Prepare pescado con arroz.

6. La profesora Hernández quiere saber más sobre el béisbol.

   Lea un libro sobre el béisbol.

CAPÍTULO 9 Primer paso

Gramática   More formal commands

2. Stem-changing verbs and verbs with irregular **yo** forms in the present indicative have the same changes in **usted** and **ustedes** commands.

Cierro →	**¡Cierre** (usted)!	**¡Cierren** (ustedes)!
Tengo →	**¡Tenga** (usted)!	**¡Tengan** (ustedes)!

3. Verbs ending in -**car**, -**gar**, and -**zar** have the following spelling changes.

buscar	(c → qu)	Bus**co**	**¡Busque** (usted)!	**¡Busquen** (ustedes)!
jugar	(g → gu)	Jue**go**	**¡Juegue** (usted)!	**¡Jueguen** (ustedes)!
empezar	(z → c)	Empie**zo**	**¡Empiece** (usted)!	**¡Empiecen** (ustedes)!

4. These five verbs have irregular formal commands:

dar → **dé, den**	saber → **sepa, sepan**	ir → **vaya, vayan**
estar → **esté, estén**	ser → **sea, sean**	

5 Imagine that you're working for the the Bureau of Tourism in San Antonio. Help the tourists that have called you by filling in the blanks with the correct formal commands.

Sí, señor. Primero (1) _____ **vaya** _____ (ir) usted a la calle Commerce.

(2) _____ **Siga** _____ (Seguir) todo derecho hasta la calle Álamo.

(3) _____ **Busque** _____ (Buscar) un lugar en el estacionamiento al lado de la pastelería.

¿Ustedes tienen ocho personas en el grupo? (4) _____ **Vayan** _____ (Ir) al Restaurante

Mexipollo. Es muy grande. (5) _____ **Pidan** _____ (Pedir) una mesa en el patio porque

es muy bonito. No (6) _____ **lleguen** _____ (llegar) tarde porque cierran a las nueve.

---

6 Imagine you're a counselor at a nature camp in Miami. Use negative **ustedes** commands to answer your campers' questions.

1. ¿Podemos jugar con la serpiente?

   No, no jueguen con la serpiente.

2. ¿Podemos despertar al cocodrilo?

   No, no despierten al cocodrilo.

3. ¿Podemos darle nuestras hamburguesas a la tortuga?

   No, no le den sus hamburguesas a la tortuga.

4. ¿Podemos pescar aquí?

   No, no pesquen allí.

5. ¿Podemos tocar estas plantas?

   No, no toquen esas plantas.

CAPÍTULO 9 Primer paso

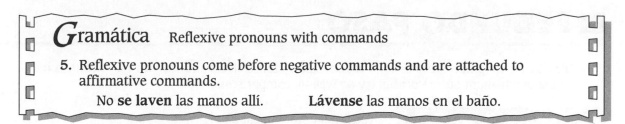

*G*ramática   Reflexive pronouns with commands

5. Reflexive pronouns come before negative commands and are attached to affirmative commands.

No **se laven** las manos allí.   **Lávense** las manos en el baño.

7 Rosemary is babysitting her twin brothers Basil and Tim. Complete the following sentences with plural formal commands.

1. No _____**se sienten**_____ ustedes en la mesa. (sentarse)

2. No _____**se bañen**_____ en la piscina. (bañarse)

3. _____**Lávense**_____ el pelo con el champú. (Lavarse)

4. _____**Cepíllense**_____ los dientes después de comer. (Cepillarse)

5. No _____**se afeiten**_____ la cara. (afeitarse)

6. No _____**se pongan**_____ la ropa de su papá. (ponerse)

7. _____**Acuéstense**_____ ahora mismo. (Acostarse)

8 Write advertising slogans by combining elements from each column. Be sure to use **usted** commands.

1. ¡Despertarse | con las toallas Suavecitas!

2. ¡No vestirse | si no se va a poner los bluejeans de Vaquero!

3. ¡Secarse | el pelo con champú ordinario! ¡Use Lavabella!

4. ¡No lavarse | a tiempo con los despertadores Cascabel!

5. ¡Bañarse | con nuestro jabón Esencia!

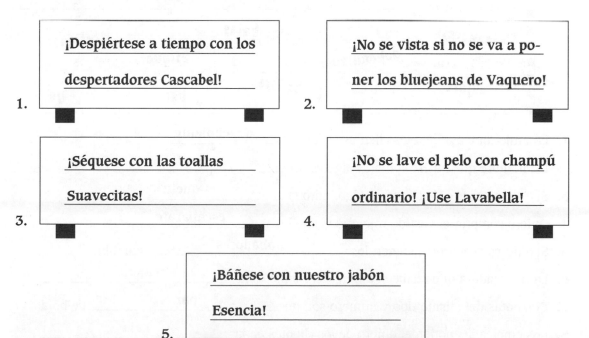

1. ¡Despiértese a tiempo con los despertadores Cascabel!

2. ¡No se vista si no se va a poner los bluejeans de Vaquero!

3. ¡Séquese con las toallas Suavecitas!

4. ¡No se lave el pelo con champú ordinario! ¡Use Lavabella!

5. ¡Báñese con nuestro jabón Esencia!

CAPÍTULO 9 Primer paso

■ SEGUNDO PASO

To ask for help in a store or to talk about how clothes look and fit, you may want to use some department store vocabulary as well as comparisons.

VOCABULARIO   Department store vocabulary

9 Ricardo is working at a clothing store. Indicate whether his statements are **(P) probable** or **(I) improbable**. If his statements are improbable, change them to make them probable. *Changes to improbable statements will vary.*

_____I_____ 1. Sí, señor. Usted puede pagarlo en los probadores allí.

Usted puede pagarlo en la caja allí.

_____I_____ 2. Usted debe pagarle a la cajera que está en el escaparate.

Usted debe pagarle a la cajera que está al otro lado del escaparate.

_____P_____ 3. El precio en la etiqueta es veinte dólares.

_____

_____P_____ 4. La cajera pone el dinero en la caja.

_____

_____P_____ 5. Esas botas le quedan muy bien.

_____

_____I_____ 6 Sí, señora. Soy el cliente. Trabajo aquí todos los días.

Sí, señora. Soy el dependiente. Trabajo aquí todos los días.

10 Fill in the blank with the word from the word bank that best completes each sentence.

```
escaparate              botas                cliente
         dependiente           etiqueta
   cajera          probadores
                            par          caja
```

1. La mujer que ayuda a los clientes es la _____dependiente_____.

2. Un hombre que quiere comprar algo es un _____cliente_____.

3. Si quiero saber cuánto cuesta algo, miro la _____etiqueta_____.

4. Quiero comprar el vestido rojo que vi en el _____escaparate_____.

5. Si quieres probarte el suéter, los _____probadores_____ están allí.

6. La trabajadora que recibe el dinero del cliente es la _____cajera_____.

7. Dos botas del mismo tipo y número son un _____par_____ de botas.

8. Los empleados ponen el dinero de los clientes en la _____caja_____.

¿Te acuerdas? Comparisons

To compare two things, use **más / menos... que** or **tan... como**.

Este suéter es **más** grande **que** el otro.
Este vestido es **tan** barato **como** la falda.

11 Based on the following store receipts, compare the clothes that Claudette bought with those Laura bought. Use the adjectives in parentheses in your sentences.

MODELO los precios de los vestidos (caro)
El vestido de Claudette es menos caro que el vestido de Laura.

Claudette

Artículo	Precio	Talla
botas	$80,50	7
zapatos	$38,80	5
vestido	$25,00	4
falda	$42,00	6
blusa	$15,00	6

Laura

Artículo	Precio	Talla
botas	$81,00	5
zapatos	$40,00	5
vestido	$30,00	4
falda	$45,00	4
blusa	$15,00	4

1. los precios de las botas (caro)
Las botas de Claudette son menos caras que las botas de Laura.

2. los precios de los zapatos (caro)
Los zapatos de Claudette son menos caros que los zapatos de Laura.

3. los precios de las faldas (barato)
La falda de Claudette es más barata que la falda de Laura.

4. los precios de las blusas (barato)
La blusa de Claudette es tan barata como la blusa de Laura.

5. las tallas de los vestidos (pequeño)
El vestido de Claudette es tan pequeño como el vestido de Laura.

6. las tallas de las faldas (grande)
La falda de Claudette es más grande que la falda de Laura.

7. las tallas de las blusas (grande)
La blusa de Claudette es más grande que la blusa de Laura.

8. las tallas de las botas (grande)
Las botas de Claudette son más grandes que las botas de Laura.

CAPÍTULO 9 Segundo paso

■ TERCER PASO

To bargain in a market you'll need to use direct object pronouns and vocabulary to discuss prices.

VOCABULARIO   Discussing prices

12 Answer the following questions according to the sales advertised below.

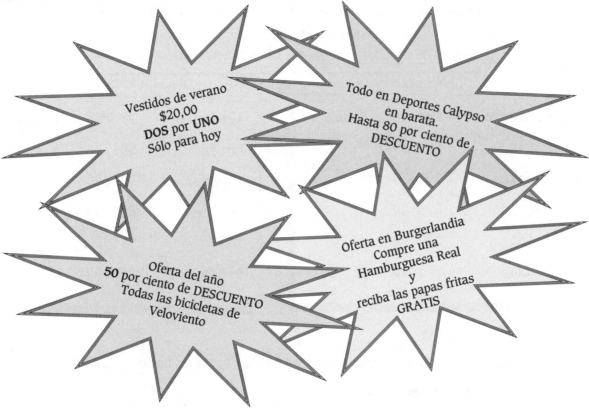

Answers will vary. Possible answers:

1. Adriana compró dos vestidos de verano y sólo pagó $20. ¿Por qué?

   Porque los dan dos por uno.

2. Una Hamburguesa Real cuesta $2,50. Ana compró una Hamburguesa Real y papas fritas por $2,50. ¿Por qué?

   Porque las papas fritas son gratis.

3. Normalmente una bicicleta *Veloviento XAX* cuesta $300 pero ahora sólo cuesta $150. ¿Qué tipo de descuento ofrecen?

   Ofrecen un descuento del 50 por ciento.

4. ¿Qué tipo de oferta hay en *Deportes Calypso*?

   Hay una oferta general de hasta 80 por ciento de descuento.

5. Beto compró un traje de baño, un básquetbol y una raqueta en *Deportes Calypso*. ¿Por qué compró todo en descuento?

   Porque todo en Deportes Calypso está en barata.

Holt Spanish 2 ¡Ven conmigo!, Chapter 9

13 Alejandro is writing his sister Casandra about his trip to the Otavalo Market. Complete his letter with words from the word bank.

descuento		en barata		ganga	
por ciento	dos por uno		gratis		al aire libre

Casandra,

Me encanta el Ecuador. Ayer fui al mercado (1) ___al aire libre___ de

Otavalo. Todos los suéteres estaban (2) ___en barata___. En un lugar había

un (3) ___descuento___ de 40 por ciento. En otro lugar había una oferta

de (4) ___dos por uno___. Allí compré un suéter y me dieron el segundo

(5) ___gratis___. ¡Qué (6) ___ganga___!

¿Se te ha olvidado?   Direct object pronouns

14 Complete the following phone message that Isabel left Ana by filling in the blanks with the correct direct object pronouns.

Hola, Ana. (1) ___te___ llamé a ti ayer pero no estabas. Hoy

Rosa (2) ___me___ acompañó al mercado. Compré dos sombreros. El vendedor me

(3) ___los___ dejó en dos por uno. ¡Te van a gustar mis nuevas camisetas! Me (4) ___las___

regaló por treinta dólares. Rosa y yo compramos unas botas. Nos (5) ___las___ dio por

veinticinco dólares. ¡Qué ganga! Estamos aquí en mi casa.

(6) Lláma___nos___ pronto.

15 Write what you'd ask to find out where these people do the following things.

MODELO   Gil siempre busca las mejores gangas en ropa.   ¿Dónde las busca?

1. Ana siempre compra los zapatos de tenis más de moda.

   ¿__¿Dónde los compra?_____?

2. Andrés y Beto siempre escuchan la música más moderna.

   ¿__¿Dónde la escuchan?_____?

3. Lola siempre ve las mejores películas.

   ¿__¿Dónde las ve?_____?

4. Armando y Pepe siempre encuentran los mejores restaurantes.

   ¿__¿Dónde los encuentran?_____?

10 ¡Cuéntame!

■ PRIMER PASO

To set the scene for a story, you may need to use **ser** in the imperfect tense, as well as **oír**, **creer**, **leer**, and **caerse** in the preterite. You'll also need to use the preterite and imperfect in the same sentence. You may want to use reflexive verbs and some weather vocabulary as well.

VOCABULARIO   Weather

1 Find eight Spanish words in the box below that describe the weather and write them in the appropriate spaces.

```
O D Ú D R S D Ñ G N U B L A D O G Y S A
R A L N Í N U B C R Ñ Y P J G D T A H D
E D L G Y I R A D A S I Ú D H L R N Ú Ú
C H O R P E L Ú T Y C A L S L J U G M C
A P H Í H B I S H O D A Ú A I P E L E E
U S Ñ Ú G L D E L H V E S P D A N T D H
G I Y G J A H D N Í A T N E M R O T O Ñ
A L Ú A L Y O D A J E P S E D U R T R Ú
```

1. downpour ___aguacero___
2. thunder ___trueno___
3. clear ___despejado___
4. humid ___húmedo___

5. lightning ___rayo___
6. cloudy ___nublado___
7. fog ___niebla___
8. storm ___tormenta___

2 Complete Captain O'Mulligan's tall tales by filling in the blanks with words from Activity 1.

1. ¡Era tan ___húmedo___ que la ropa no se secaba por dos semanas!
2. ¡Había tanta ___niebla___ que la gente no podía encontrar sus casas!
3. ¡Estaba tan ___despejado___ que se podía ver desde aquí hasta Asia!
4. ¡El ___trueno___ hacía tanto ruido como cien trenes!
5. ¡Después del ___aguacero___ la calle era como el Río Amazonas!
6. ¡Estaba tan ___nublado___ que no veíamos el sol!
7. ¡Había tantos ___rayos___ que se convertía *(it changed)* la noche en día!

 **¿Se te ha olvidado?**   The imperfect of **ser**

3 Julio is writing a story about an adventure-filled summer. Complete the beginning of his story with the imperfect of **ser**.

Hace cinco años mi primo Alejandro pasó el verano con mi familia.

Mi hermano Simón (1)_____era_____ muy aventurero, y él y

mi primo (2) _____eran_____ buenos amigos.

Yo (3)_____era_____ el menor de la familia pero Alejandro,

Simón y yo siempre hacíamos muchas cosas juntos.

Nosotros (4) _____éramos_____ bastante traviesos. Un día todo

eso cambió. (5) _____Eran_____ las cinco de la tarde cuando...

*G*ramática   Preterite vs. imperfect

1. When talking about the past, an action in progress can often be interrupted by some event. In that situation the imperfect expresses the action in progress and the preterite expresses the interrupting event.

   Comían cuando sus amigos **llegaron.**

   They were eating when their friends arrived.

4 Complete Karin's story about meeting a famous singer with the imperfect or the preterite of the verbs in parentheses.

Ayer cuando yo (1)_____esperaba_____ (esperar) a mi amiga vi a Enrique Iglesias.

Yo estaba en el restaurante Club Miami cuando un hombre (2)_____entró_____

(entrar). Él se sentó con otro hombre en una mesa cerca de mí. Escuchaba su

conversación cuando el camarero (3)_____llegó_____ (llegar) a mi mesa.

(4)_____Hablaba_____ (hablar) con el camarero cuando Enrique se levantó para salir. De

repente me levanté y cuando él pasaba mi mesa le (5)_____pedí_____ (pedir) su

autógrafo. Enrique (6)_____escribía_____ (escribir) su nombre cuando me preguntó si

tenía entradas para el concierto. Le dije que no y me dio dos entradas. ¡Qué suerte!

5 Patricia didn't study enough last weekend. Fill in the blanks with the imperfect or the preterite of the verbs in parentheses to find out why.

No estudié mucho anoche. Yo (1) _____**estudiaba**_____ (estudiar) historia cuando mi amiga

Silvia me (2) _____**llamó**_____ (llamar). Nosotros (3) _____**hablábamos**_____ (hablar)

de su novio cuando Esteban (4) _____**llegó**_____ (llegar). Él nos invitó a Silvia y a mí a

comer con él. Luego, nosotros (5) _____**comíamos**_____ (comer) cuando el novio de Silvia

(6) _____**entró**_____ (entrar) en el restaurante. Nos invitó a una fiesta.
Por eso, no pude estudiar.

*G*ramática   Preterite vs. imperfect

> 2. The imperfect also gives background information about a particular event: the way things were, what was happening, and how people felt.
>
>   **Llovía** muchísimo pero **estaban** muy contentos.

6 Combine the following elements to provide the background information to a mystery story.

1. Ser / las ocho / de la noche
   Eran las ocho de la noche.

2. Carlos / caminar / por el parque
   Carlos caminaba por el parque.

3. Esta vez / Ricardo / no estar / con él
   Esta vez Ricardo no estaba con él.

4. Hacer / frío / y / hay / mucha niebla
   Hacía frío y había mucha niebla.

5. Carlos pensar / que / estar / solo / pero . . .
   Carlos pensaba que estaba solo pero...

7 Write a paragraph describing when you met your best friend. Be sure to include where you were, how old you were, what time of day it was, and what you were doing. You should also describe what your best friend was like.

Answers will vary.

_____

_____

_____

_____

_____

_____

VOCABULARIO   Reflexive verbs

8 Complete the crossword puzzle using the clues below.

¹d	e	s	²p	i	d	e	n		³v
			i						a
			e		⁴c	a	s	a	n
			r		a				
			⁵d	u	e	r	m	o	
			o						

Horizontales

1. Mis amigos dicen *¡Hasta luego!* cuando se _____.
4. Normalmente dos personas se enamoran primero y después se _____.
5. Cuando me acuesto tarde, me _____ en clase.

Verticales

2. Siempre me _____ si no uso mapa.
3. Los viernes los empleados salen a las ocho pero hoy se _____ a las siete.
4. Mi hermano se _____ con frecuencia. Ayer se rompió el brazo.

Nota Gramatical   Spelling changes in the preterite

The preterite of **oír, creer, leer,** and **caerse** has the letter *y* in the third person singular and plural.

Los muchachos **oyeron** un ruido misterioso pero el profesor no **oyó** nada.

9 Everyone in Samuel's family slept poorly last night. Explain why by completing the sentences with the correct preterite forms of **oír, creer, leer,** and **caerse.**

1. Samuel __oyó__ un ruido raro a las once. __Creyó__ que era el perro.

2. La señora Donoso __oyó__ otro ruido a las doce. __Creyó__ que era la gata.

3. El hermano de Samuel __leyó__ su libro de historia casi toda la noche porque había un examen en la mañana.

4. Las hermanitas de Samuel __oyeron__ una persona en la casa. Unos vasos __se cayeron__ en la cocina.

5. Después de la una de la mañana, ninguno de los Donoso __oyó__ otro ruido pero todavía no podían dormir.

■ SEGUNDO PASO

To continue and end a story, you may need some special vocabulary such as that used in science fiction or fairy tales, as well as the preterite and imperfect tenses.

VOCABULARIO   Science fiction and fairy tales

10 Nuria is telling you her favorite fairy tale. Fill in the blanks with the appropriate words from the word bank. You'll need to know the words **una pata de oro** *(a golden leg)* and **convirtió** *(changed)*.

> enano   príncipe   madrina   estrella
> princesa   hadas   ladrón

Mi cuento de (1) _____hadas_____ favorito dice así:

> É́rase una vez una (2) _____princesa_____ que se llamaba
> Carmela. Ella vivía sola en un castillo con su gato que tenía una pata de oro.
> Un día un (3) _____ladrón_____ con una máscara negra entró en
> el castillo y se robó al gato. Carmela estaba muy triste. En el bosque, un
> (4) _____enano_____ de orejas grandes y de estatura muy
> pequeña vio al hombre malo que tenía el gato de la princesa. Muy
> rápidamente tomó al gato y corrió hacia el castillo. Allí fue cuando el hada
> (5) _____madrina_____ convirtió a este hombre pequeño en un
> (6) _____príncipe_____ alto y guapo. Cuando Carmela lo vio, se
> enamoró de él y al final, se casaron.

11 Fill in the blanks to find out about space and our solar system. Use the vocabulary on page 295 of your textbook.

1. Pluto, Júpiter y Saturno son _____planetas_____.

2. El sol es la _____estrella_____ que queda más cerca de nuestro planeta.

3. _____OVNI_____ significa Objeto Volante No Identificado.

4. Una _____galaxia_____ es un grupo de estrellas.

5. El Endeavor es una _____nave espacial_____ de NASA.

Holt Spanish 2 ¡Ven conmigo!, Chapter 10

*G*ramática   The imperfect and preterite to tell a story

When telling a story, use both the preterite and imperfect tenses.

1. The imperfect tense sets the scene. It tells what was going on and describes people, places, moods, and situations: **Era** una noche oscura...

2. Use an expression such as **un día, de repente,** or **fue cuando** plus a verb in the preterite to tell something that happened: **De repente llegó** un enano...

3. Continue your story with expressions like **entonces, luego,** and **después** plus the preterite: **Luego llegó** la Princesa de Aragón.

4. End the story with the preterite to tell how things came out: ...y **todos vivieron felizmente.**

12 Find out what happens in the following story by choosing the correct verb tense for each sentence and writing the correct form in the blank provided.

1. Érase una vez un planeta donde _____vivían_____ (vivían, vivieron) unos animales muy grandes.

2. Se cuenta que había una serpiente que _____era_____ (era, fue) gigantesca.

3. Un día la serpiente _____se despertó_____ (se despertaba, se despertó) con sed.

4. Fue cuando ella _____se tomó_____ (se tomaba, se tomó) todos los ríos y lagos.

5. Los otros animales _____tenían_____ (tenían, tuvieron) sed.

6. Entonces los animales _____decidieron_____ (decidían, decidieron) contarle chistes a la serpiente.

7. Durante horas, los animales le contaron chistes. De repente, la serpiente _____habló_____ (hablaba, habló).

8. Al final, el agua _____volvió_____ (volvía, volvió) a llenar los ríos y lagos.

13 Complete the story of *El castillo de sal* with the correct forms of the verbs in parentheses.

Érase una vez un príncipe que (1) _____vivía_____ (vivir) en un hermoso castillo

de sal. El castillo (2) _____estaba_____ (estar) en las montañas. Nunca

(3) _____llovía_____ (llover) allí. Un día, el príncipe

(4) _____bajó_____ (bajar) de la montaña y (5) _____vio_____ (ver)

un lago por primera vez. "Yo quiero un lago", (6) _____pensó_____ (pensar) el

príncipe. Entonces él y cien enanos (7) _____llevaron_____ (llevar) el lago a la

montaña. Una mañana, de repente, el agua del lago (8) _____llegó_____ (llegar)

al castillo y el castillo de sal (9) _____se cayó_____ (caerse). Al final, el príncipe

(10) _____perdió_____ (perder) su casa.

14 Complete this story by combining the following elements. Use either the imperfect or the preterite tense.

1. Hace mucho tiempo / vivir / una tortuga / en la selva
   Hace mucho tiempo vivía una tortuga en la selva.

2. La tortuga / ser / el animal más rápido de la selva
   La tortuga era el animal más rápido de la selva.

3. Un día / llegar / un loro
   Un día llegó un loro.

4. El loro / creer / que poder / correr más rápido que la tortuga
   El loro creía que podía correr más rápido que la tortuga.

5. Los animales / decidir / hacer una carrera *(race)*
   Los animales decidieron hacer una carrera.

6. Empezar / la competencia / a las seis / de la mañana
   Empezó la competencia a las seis de la mañana.

7. El loro / terminar / de primero y la tortuga de segundo
   El loro terminó de primero y la tortuga de segundo.

8. Al final la tortuga / decidir / ser el animal más lento de la selva
   Al final la tortuga decidió ser el animal más lento de la selva.

15 Make up your own story by completing the following sentences.

1. Érase una vez una mujer que _*Answers will vary.*_

2. Su casita _____

3. Un día un ladrón _____

4. El ladrón _____

5. De repente el príncipe _____

6. Luego el ladrón _____

7. Al final, la mujer y el príncipe _____

■ TERCER PASO

To talk about and react to the latest news, you'll need to use some specific vocabulary. You may also need to use the verb **tener** in the preterite.

VOCABULARIO Talking about the news

16 Unscramble the words that correspond to the definitions below.

1. Una persona que habla de otras personas sin saber si la información es verdad.

   S   O   M   H   O   I   C   S _chismoso_____

2. Lo que lees en el periódico.

   T   N   C   O   I   I   S   A _noticias_____

3. Otra palabra para *enojado*.

   R   O   U   F   I   O   S _furioso_____

4. Lo opuesto de *hacer las paces*.

   R   R   P   O   E   M   O   N   C _romper con_____

5. Información que no es necesariamente la verdad.

   H   M   E   C   I   S _chisme_____

17 Geraldo is writing Carolina a note. Complete his note with the words below.

> metiche   romper   chismoso
> hacer las paces   furioso   chisme

Carolina,

¿Has oído que Diana y José pelearon durante la fiesta anoche? Ella quería **(1)** ___romper___ con él porque ella lo vio con Elena. No sé si es un **(2)** ___chisme___ o es la verdad, pero Carla me dijo que Juan le dijo que José estaba **(3)** ___furioso___ con Diana. Pero, ¿quién sabe? Juan es un **(4)** ___chismoso___. Le encanta hablar de otras personas. De todos modos, me dijo que Patricia trató de ayudarles a **(5)** ___hacer las paces___ pero ahora están enojados con Patricia por ser **(6)** ___metiche___.

Bueno, te escribo más tarde.

Geraldo

CAPÍTULO 10 Tercer paso

Nota *G*ramatical The preterite of **tener**

The preterite of **tener** is irregular.

yo **tuve**	nosotros **tuvimos**
tú **tuviste**	vosotros tuvisteis
él / ella / usted **tuvo**	ellos / ellas / ustedes **tuvieron**

18 Complete the following sensational headlines with the preterite forms of **tener.**

1. ¡Pasamos dos meses sin agua y no _____**tuvimos**_____ sed!

2. ¿Alguna vez _____**tuviste**_____ tú un hada madrina? ¡Ahora sí!

3. Vi el OVNI y _____**tuve**_____ ganas de ir con ellos.

4. Princesa y príncipe _____**tuvieron**_____ problemas en España.

5. Ladrón _____**tuvo**_____ suerte. Perro nunca se despertó.

19 Beatriz is telling Paco about the latest news. Based on Paco's reactions, write the questions she asked, using expressions from page 299 of your textbook.

MODELO <u>**¿Has oído que tuvimos que salir temprano?**</u>
¿De veras? ¿Ustedes tuvieron que salir temprano?

Answers will vary.
Possible answers:

1. ¿ <u>**Te enteraste que salí con Roberto**</u> ?
¡No me digas! ¿Tuviste una cita con Roberto?

2. ¿ <u>**Fíjate, tuvimos que hablar con el director.**</u> ?
¿De veras? ¿Ustedes tuvieron que hablar con el director?

3. ¿ <u>**Has oído que Simón sólo tuvo dos días de vacaciones**</u> ?
¿Tú crees? ¿Simón sólo tuvo dos días de vacaciones?

4. ¿ <u>**Te enteraste que Judith y Pepe no tuvieron que tomar el examen**</u> ?
¡No lo puedo creer! ¿Ellos no tuvieron que tomar el examen?

5. ¿ <u>**De veras tuviste que trabajar ayer**</u> ?
No, yo no tuve que trabajar.

Holt Spanish 2 ¡Ven conmigo!, Chapter 10

CAPÍTULO 11

Nuestro medio ambiente

■ PRIMER PASO

To describe a problem, you may need to make negative statements as well as talk about nature and the environment.

VOCABULARIO   The environment

1 Read the problems listed in each box, and write the cause of each problem in the blank provided. Use the vocabulary on page 321 of your textbook.

1.
> Me duelen los ojos cuando visito a mi tío en la Ciudad de México. También es difícil respirar.

el smog

2.
> No hay tantos árboles ahora como antes. Eso causa la muerte de muchos tipos de insectos y animales.

la destrucción de las selvas tropicales

3.
> Ya no podemos pescar donde vivo porque hay petróleo en el agua.

la contaminación del mar

4.
> La gasolina es mucho más cara que antes y no hay suficiente gasolina para todos.

el desperdicio del petróleo

2 Catalina is writing an article about the environment for her school paper. Complete her article using the vocabulary on page 321 of your textbook.

> Nosotros tenemos que evitar los problemas del (1) _____**medio ambiente**_____.
>
> En nuestras ciudades es difícil respirar porque hay mucha
>
> (2) _**contaminación del aire**_. En algunas ciudades es imposible ver los edificios
>
> grandes por el (3) _____**smog**_____ y los químicos en el aire contribuyen
>
> a la destrucción de la (4) _____**capa de ozono**_____. Y las fábricas tiran muchos
>
> (5) _____**químicos**_____ en la basura y contaminan la tierra y el agua.
>
> Tenemos que buscar la (6) _____**solución**_____ ahora. ¡Nuestro futuro
>
> comienza hoy!

Nota Gramatical   Double negatives

- You may use more than one negative word or expression in a sentence:
  No vino **nadie** a la fiesta de Magalí.
- When **nunca, ninguno, nadie,** or **tampoco** precedes the verb, **no** is left out.
  Nadie vino a la fiesta de Magalí.
- Some other negative words you can use are **nada, ni... ni, nunca, ninguno/a,** and **tampoco. Ninguno** shortens to **ningún** before a masculine, singular noun.
  No tengo **ningún** libro sobre la historia de Francia.

3 Unscramble the following sentences to find out about problems that affect our environment.

1. tirar / debemos / ningún / en la basura / químico / no
   No debemos tirar ningún químico en la basura.

2. nadie / contaminar / debe / los océanos
   Nadie debe contaminar los océanos.

3. el smog / ni / la destrucción de las selvas / ni / es bueno
   Ni el smog ni la destrucción de las selvas es bueno.

4. tirar / debemos / tampoco / el plástico en la basura / no
   No debemos tirar el plástico en la basura tampoco.

5. no / muchas fábricas / hacen / para / evitar / nada / la contaminación
   Muchas fábricas no hacen nada para evitar la contaminación.

4 Ana and her brother Beto never agree on anything. Based on Ana's opinions about the environment, write what Beto thinks.

MODELO   ANA Podemos hacer <u>algo</u> para el medio ambiente.
                 BETO **No podemos hacer nada para el medio ambiente.**

ANA   <u>Todos</u> separan la basura.

BETO (1) **Nadie separa la basura.**

ANA   <u>Siempre</u> podemos evitar los problemas del smog.

BETO (2) No **podemos nunca evitar los problemas del smog.**

ANA   <u>También</u> podemos evitar la contaminación del mar.

BETO (3) **Tampoco podemos evitar la contaminación del mar.**

ANA   <u>Alguien</u> puede hacer <u>algo</u> para mejorar la situación.

BETO (4) **Nadie puede hacer nada para mejorar la situación.**

ANA   <u>Algún día</u> vamos a vivir en un lugar sin contaminación.

BETO (5) **Nunca vamos a vivir en un lugar sin contaminación.**

5 Answer the following questions about your city or a city near you.

    1. ¿Hay mucha contaminación del aire en tu ciudad?

    Answers will vary.

    2. ¿Tira mucha gente plástico en la basura?

    3. ¿Hay mucho ruido en tu ciudad?

    4. ¿Notas muchos efectos de la destrucción de la capa de ozono?

    5. ¿Qué podemos hacer para mejorar la situación?

VOCABULARIO   Animals

6 Decide which animals from page 323 of your textbook are most affected by air pollution and which are most affected by water pollution. Then write the name of each animal in the appropriate column.

La contaminación del aire	La contaminación del mar
el cóndor	la ballena
el águila	los delfines
las aves	los peces
el murciélago	
los insectos	

7 Complete the crossword puzzle using the clues provided.

Horizontales

3. Puede ser un vampiro.

5. La gente pesca los _____.

6. El animal más grande del mar.

Verticales

1. Animales inteligentes que viven en el mar.

2. Símbolo de los Estados Unidos.

4. El mosquito es un tipo de _____.

■ SEGUNDO PASO

To talk about consequences, you'll need to use phrases such as **por lo tanto, por eso,** and **por consiguiente.** To express agreement and disagreement, you'll need to use certain idiomatic expressions.

ASÍ SE DICE Talking about consequences

8 Felipe is president of the **Club Tierra Verde**, and tonight he's giving a speech at your school. Help him out by filling in the blanks with appropriate words from page 328 of your textbook.

Cuando yo era niño vivía cerca de un bosque. **(1)** _____**por**_____

eso me encantan los árboles. Hoy, ese bosque es un campo de golf.

Por lo **(2)** _____**tanto**_____ formé esta organización hace un año.

Creo que es **(3)** _____**urgente**_____ hacer algo para cuidar los

bosques. Tenemos que **(4)** _____**enfrentar**_____ esta crisis ecológica.

ASÍ SE DICE Expressing agreement and disagreement

9 Here's how Felipe's schoolmates reacted to his suggestion that seniors should be allowed to go to the head of the lunch line. Indicate whether each person did or did not agree by placing a check mark in the appropriate column.

			Sí	No
1.	LAURA	"Así es la cosa."	✓	
2.	ARMANDO	"¡Te equivocas!"		✓
3.	ALICIA	"¡Al contrario!"		✓
4.	RAMÓN	"¡Claro que sí!"	✓	
5.	MAURICIO	"No me parece."		✓
6.	RAQUEL	"Sin duda alguna."	✓	
7.	ROSARIO	"¡Eso es!"	✓	
8.	ANTONIO	"Tienes razón."	✓	

CAPÍTULO 11 Segundo paso

Nombre _____ Clase _____ Fecha _____

10 Several students have formed an ecology club but they can't agree on what its focus should be. Complete the following conversation with the appropriate words from the word bank.

razón   equivocas   siento   contrario   siento
parece   acuerdo   punto   así   eso

EDUARDO Creo que los científicos deberían inventar nuevas formas de energía.

GABRIELA Sí, estoy de (1) **acuerdo**. Los carros, por ejemplo, deberían usar solamente energía solar.

SYLVIA Lo (2) **siento**, pero no me (3) **parece**. Creo que la contaminación del agua es el problema más grave.

HÉCTOR Sí, tienes (4) **razón**. El verano pasado nosotros no pudimos nadar.

SYLVIA (5) **Así** es la cosa. Y cuando queremos ir a pescar no podemos porque el agua está contaminada. Nuestro club debería proteger las aguas.

GABRIELA ¡Al (6) **contrario**! Nuestro club debería hacer algo sobre la contaminación del aire.

SYLVIA ¡Te (7) **equivocas**! La contaminación del agua es más importante.

EDUARDO Hasta cierto (8) **punto** todos ustedes tienen razón. ¿Qué tal si llamamos nuestro club Contra Contaminación — del aire y del agua?

GABRIELA ¡(9) **Eso** es!

11 Indicate whether you agree or disagree with the following statements and explain why. Be sure to use the expressions on page 329 of your textbook.

MODELO El mayor problema del medio ambiente es el ruido.
No estoy de acuerdo. El mayor problema del ambiente es la contaminación del aire. *Answers will vary. Possible answers:*

1. La pesca de los delfines no es un problema grave.
¡Te equivocas! La pesca de los delfines es un problema gravísimo.

2. La contaminación del mar no es un problema grave.
Hasta cierto punto estoy de acuerdo. El mar es muy grande y hay otros problemas más urgentes.

3. Debemos tirar el plástico y los periódicos en la basura.
Me parece que no tienes razón. No debemos desperdiciar los recursos.

4. No podemos hacer nada para evitar los problemas del medio ambiente.
No me parece. A todos nos toca hacer algo.

CAPÍTULO 11 Segundo paso

■ TERCER PASO

To talk about obligations and solutions, you may want to use some cognates. You may want to use affirmative words and refer to environmental issues. You may also need to use **si** clauses, **nosotros** commands, and informal commands.

¿Se te ha olvidado?   Cognates

12 Read the following bulletin board posting and circle ten cognates. Then write each one and its English equivalent in the space provided.

> Con un poquito de cooperación, todos nosotros podemos mejorar la situación. Podemos salvar a los animales en peligro de extinción, eliminar la destrucción de las selvas tropicales y conservar la energía. ¡A todos nosotros nos toca hacer algo!

1. cooperación, cooperation
2. situación, situation
3. salvar, save
4. animales, animals
5. extinción, extinction
6. eliminar, eliminate
7. destrucción, destruction
8. tropicales, tropical
9. conservar, conserve
10. energía, energy

¿Te acuerdas?   Affirmative words

13 Based on the responses given, write the questions that were asked. Be sure to use **siempre**, **algo**, and **alguien** in your responses.

1. ¿ **Tiras algo de plástico en la basura** ?

   No, no tiro nada de plástico en la basura.

2. ¿ **Conoces a alguien en una organización ecológica** ?

   No, no conozco a nadie en una organización ecológica.

3. ¿ **Siempre apagas la luz cuando sales de tu cuarto** ?

   No, nunca apago la luz cuando salgo de mi cuarto.

4. ¿ **Sabes algo de las aves en peligro de extinción** ?

   No, no sé nada de las aves en peligro de extinción.

5. ¿ **Hablas con alguien sobre los problemas del medio ambiente** ?

   No, no hablo con nadie sobre los problemas del medio ambiente.

VOCABULARIO   Environmental issues

14 Complete the following proposal to make your school more environmentally responsible.

Para conservar la **(1)** ___energía___, debemos **(2)** ___apagar___ las luces cuando salimos de las clases. Debemos evitar los productos **(3)** ___empacados___ y **(4)** ___mantener___ limpia nuestra escuela. Necesitamos participar en un programa de **(5)** ___reciclaje___ también. Debemos **(6)** ___reciclar___ los productos de aluminio y de vidrio.

15 Propose a solution to each of the following problems using the vocabulary you've learned.

MODELO   El desperdicio del petróleo es un problema grave.   *Answers will vary.*
         Hay que conservar nuestros recursos naturales.   *Possible answers:*

1. No sé qué hacer con todas esas latas de aluminio.

   Puedes reciclar las latas en un centro de reciclaje.

2. Hay muchos animales en peligro de extinción.

   Todos deberíamos proteger las especies.

3. Hay mucha basura en los parques de la ciudad.

   A todos nos toca mantener limpia la ciudad.

4. Gastamos mucha electricidad en nuestra casa.

   Podemos resolver el problema si apagamos las luces y conservamos energía.

---

*N*ota *G*ramatical   Si clauses

The word **si** *(if)* can be used with a verb in the present tense to talk about what will or may happen under certain conditions.

   Si trabajamos juntos, podemos resolver los problemas.

---

16 Unscramble the following sentences to see what can happen if we all work together.

1. los carros / el smog / si no usamos / podemos eliminar / todos los días

   Podemos eliminar el smog si no usamos los carros todos los días.

2. tiramos / si evitamos / menos basura / los productos empacados

   Si evitamos los productos empacados tiramos menos basura.

3. mantener limpia / si reciclamos / la ciudad / podemos

   Si reciclamos podemos mantener limpia la ciudad.

4. más energía / las luces/ conservamos / si apagamos

   Si apagamos las luces conservamos más energía.

5. la situación / nuestro estilo de vida / mejoramos / si cambiamos

   Si cambiamos nuestro estilo de vida mejoramos la situación.

CAPÍTULO 11 Tercer paso

17 Combine the elements and complete the sentences to indicate the possible consequences of each situation.

MODELO   Si / (nosotros) trabajar / juntos...

Answers will vary.
Possible answers:

__Si trabajamos juntos podemos mejorar la situación.__

1. Si / (nosotros) conservar / energía...

   __Si conservamos energía podemos proteger nuestros recursos.__

2. Si / (nosotros) eliminar / las selvas tropicales...

   __Si eliminamos las selvas tropicales creo que vamos a enfrentar una crisis.__

3. Si / (nosotros) no proteger / las especies...

   __Si no protegemos las especies, va a haber muchos animales en peligro de extinción.__

4. Si / (nosotros) no eliminar / el smog...

   __Si no eliminamos el smog, los efectos sobre el medio ambiente pueden ser graves.__

---

*G*ramática   Nosotros commands

- **Nosotros** commands express the idea of *"Let's . . ."*
- To form **nosotros** commands, add -**mos** to the **usted** command forms.
  - ¡Conserve**mos** energía!
  - ¡Cuide**mos** el medio ambiente!

---

18 Andrea's ecology club is making posters. Make the following slogans involve everyone in the school by rewriting them with **nosotros** commands.

¡Recicle el aluminio, las latas y el vidrio!

1. **¡Reciclemos el aluminio, las latas y el vidrio!**

¡Venga al colegio a pie o en bicicleta!

2. **¡Vengamos al colegio a pie o en bicicleta!**

¡Mantenga limpias las calles!

3. **¡Mantengamos limpias las calles!**

Al salir del baño, apague las luces.

4. **Al salir del baño, apaguemos las luces.**

Sean más responsables.

5. **Seamos más responsables.**

Holt Spanish 2 ¡Ven conmigo!, Chapter 11

19 Using **nosotros** commands, indicate whether we should or shouldn't do the following things.

1. cambiar nuestro estilo de vida   *Answers will vary. Possible answers:*

   Cambiemos nuestro estilo de vida.

2. evitar los productos empacados

   Evitemos los productos empacados.

3. desperdiciar el petróleo

   No desperdiciemos el petróleo.

4. tirar productos químicos en la basura

   No tiremos productos químicos en la basura.

5. mantener limpias nuestras ciudades

   Mantengamos limpias nuestras ciudades.

20 Answer the following questions using **nosotros** commands.

MODELO   Hay mucho smog en nuestra ciudad. ¿Qué hacemos?   *Answers will vary.*
Tomemos el metro y dejemos el carro en casa.   *Possible answers:*

1. A muchas personas no les interesa la naturaleza. ¿Qué podemos hacer?

   Organicemos unas clases sobre la naturaleza.

2. Cada día hay menos selvas tropicales. ¿Qué hacemos?

   Protejamos las especies. Preservemos las selvas tropicales.

3. El mar está muy contaminado. ¿Qué hacemos?

   No tiremos basura en el océano.

4. La gente no sabe dónde tirar la basura. ¿Qué podemos hacer nosotros?

   Abramos un centro de reciclaje.

5. Las tortugas marinas están en peligro de extinción. ¿Qué hacemos?

   Mantengamos limpias las playas.

¿Se te ha olvidado?   Informal commands

21 Using informal commands, write five things you would advise a friend to do to help the environment.

Answers will vary.

Nombre _____ Clase _____ Fecha _____

Veranos pasados, veranos por venir

■ PRIMER PASO

To exchange the latest news, you may want to use some phrases that are often used in letters. To talk about where you went and what you did, you may want to use some specific vocabulary, as well as the preterite tense.

VOCABULARIO   Writing letters

1 Imagine you're writing a letter to a friend. Choose the items from the word bank that you would use to express the following things.

| Con cariño... | Gracias por... | Te echo mucho de menos. |
| Un abrazo de... | Querido/a... | Dale un saludo de mi parte. |

1. Love . . . __Con cariño...__
2. Dear . . . __Querido/a...__
3. I really miss you. __Te echo mucho de menos.__
4. Tell him hello from me. __Dale un saludo de mi parte.__
5. A hug from . . . __Un abrazo de...__

2 Read Begonia's letter and fill in the blanks with the correct vocabulary words.

(1) _____**Querido**_____ *Lorenzo,*

¿Cómo estás, chico? Te (2) _____**echo**_____ *mucho de (3)* _____**menos**_____.

Hace mucho tiempo que no te veo... tienes que llamarme pronto.

(4) _____**Gracias**_____ *por el disco compacto que me mandaste para mi cumpleaños.*

Me encanta la música de "Los chimpancés locos". Y, por favor, (5) _____**dale**_____

un (6) _____**saludo**_____ *a tu mamá de mi parte y dile que espero verla pronto.*

Un (7) _____**abrazo**_____ *de tu amiga,*

Begonia

3 Write a short note to a friend who lives in another city. Begin with an appropriate salutation. Then tell your friend you miss him or her and ask your friend to say hello to someone for you. Close your letter with an appropriate phrase and sign your name.

Answers will vary.

_____

_____

_____

_____

VOCABULARIO   Things you did

4 Using the vocabulary on page 352 of your textbook, complete Lenny's sentences about what he and his friends did last summer. Conjugate all verbs in the preterite tense.

1. Yo _____ **monté** _____ en tabla de vela casi todos los fines de semana.

2. Mario y yo _____ **encontramos** _____ empleos en el Supermercado Super Gigante.

3. Gene y Raquel _____ **se quedaron** _____ en casa y leyeron mucho.

4. Carolyn se quedó unas semanas en un _____ **albergue** _____ juvenil en Europa.

5. Y tú _____ **te quedaste** _____ con unos parientes, ¿no?

5 Read each person's plans for last summer. Then use a phrase from the phrase bank to write a sentence describing what each person did. Use the preterite tense.

MODELO   Humberto quería trabajar como voluntario en su ciudad.
          Se hizo amigo de muchas personas en su ciudad.

> quedarse con unos parientes   hacerse amigo/a de muchas personas en su ciudad
>
> quedarse en casa   quedarse en un albergue juvenil   montar en tabla de vela
>
> encontrar un empleo

1. Mario quería conocer a jóvenes de otras ciudades y países.
   Se quedó en un albergue juvenil.

2. Chely tenía ganas de descansar y pasar más tiempo con su familia.
   Se quedó en casa.

3. Magaly pensaba trabajar y ganar un poco de dinero.
   Encontró un empleo.

4. Alfredo quería viajar para ver a sus abuelos y a sus tíos.
   Se quedó con unos parientes.

5. Lily quería ir al lago todos los días.
   Montó en tabla de vela.

CAPÍTULO 12 Primer paso

¿Se te ha olvidado? The preterite

MONTAR		CONOCER		ESCRIBIR	
mont**é**	mont**amos**	conoc**í**	conoc**imos**	escrib**í**	escrib**imos**
mont**aste**	montasteis	conoc**iste**	conocisteis	escrib**iste**	escribisteis
mont**ó**	mont**aron**	conoc**ió**	conoc**ieron**	escrib**ió**	escrib**ieron**

6 Here are some responses to a survey about what people did during their last vacation. Based on each response, write the question that was probably asked.
Answers will vary. Possible answers:

1. ¿**Montaste en tabla de vela**_____?

   —No, no monté en tabla de vela.

2. ¿**Encontraste un empleo**_____?

   —Sí, encontré un trabajo excelente... en la oficina de una abogada.

3. ¿**Se hicieron amigos de mucha gente**_____?

   —Sí, conocimos a muchísima gente nueva durante nuestras vacaciones.

4. ¿**Se quedaron en un albergue juvenil tus hermanos**_____?

   —No, mis hermanos no se quedaron en un albergue juvenil.

5. ¿**Escribiste muchas cartas**_____?

   —Sí, escribí muchas cartas a todos mis amigos y a mis parientes en San Diego.

6. ¿**Asistió tu hermana a clases de arte**_____?

   —No, mi hermana no asistió a clases de arte.

7. ¿**Comiste mucho**_____?

   —Sí, comí mucho. ¡Creo que necesito hacer más ejercicio!

7 Answer the following questions about what you did last summer.
Answers will vary. Possible answers:

1. ¿Te quedaste mucho en casa con tu familia?

   No, no me quedé en casa mucho.

2. ¿Conociste a mucha gente de otros países?

   Sí, me hice amigo de unos estudiantes de intercambio.

3. ¿Te inscribiste en una clase de arte, de música o de ejercicios aeróbicos?

   Sí, me inscribí en una clase de guitarra.

4. ¿Escuchaste música con tus amigos o amigas?

   Sí, fui a unos conciertos con mis amigos.

5. ¿Corriste un kilómetro todos los días?

   No, no corrí pero hice natación todos los días.

CAPÍTULO 12 Primer paso

■ SEGUNDO PASO

To describe people and places in the past, you'll need to use the imperfect tense.

¿Se te ha olvidado?   The regular imperfect

8 Complete Geraldo's letter to his pen pal with the imperfect tense of the verbs in parentheses.

> Querida María,
>
> Me acuerdo que en julio siempre **(1)** ____estaba____ (estar) nevando y
> **(2)** ____hacía____ (hacer) mucho frío. Todos los días mis hermanos y yo
> **(3)** ____esquiábamos____ (esquiar) en Bariloche. Cada noche nosotros
> **(4)** ____llegábamos____ (llegar) cansados y **(5)** ____teníamos____ (tener) ham-
> bre. Mi familia siempre **(6)** ____comía____ (comer) en el restaurante El Gaucho.
> Mis hermanos **(7)** ____pedían____ (pedir) churrasco pero yo **(8)** ____quería____
> (querer) empanadas, mi plato favorito. De niña tú **(9)** ____vivías____ (vivir)
> cerca de Bariloche, ¿no? Escríbeme pronto.
>
>   Besos y abrazos,
>   Geraldo

9 Verónica is interviewing her grandfather to find out about his childhood. Based on his responses, write the questions Verónica asked. *Answers will vary. Possible answers:*

1. ¿ **Dónde vivían Ud. y su familia** _____?

   Mi familia y yo vivíamos en Bolivia.

2. ¿ **Cuántos años tenía cuando fue a Costa Rica** _____?

   Yo tenía diez años cuando fui a Costa Rica.

3. ¿ **Cómo se llamaba su mejor amigo en Costa Rica** _____?

   Mi mejor amigo en Costa Rica se llamaba José.

4. ¿ **Con qué frecuencia asistía Ud. a clases** _____?

   Yo asistía a clases de lunes a sábado.

5. ¿ **A qué hora se levantaba Ud. para ir a la escuela** _____?

   Yo me levantaba a las seis para ir a la escuela.

CAPÍTULO 12 Segundo paso

¿Se te ha olvidado? The imperfect of ir and ver

10 Using the imperfect tense, combine the following elements to find out where these people used to go and who or what they used to see during their summer vacations.

1. Ben y Carmen / ir / a Puerto Rico / y / ver / a su tío

   Ben y Carmen iban a Puerto Rico y veían a su tío.

2. Maribel / ir / a Chicago / y / ver / a su familia

   Maribel iba a Chicago y veía a su familia.

3. Rafa y yo / ir / a Ecuador / y / ver / a muchos turistas

   Rafa y yo íbamos a Ecuador y veíamos a muchos turistas.

4. Tú / ir / a California / y / ver / a Ignacio, ¿no?

   Tú ibas a California y veías a Ignacio, ¿no?

5. Yo / ir / a Texas / y / ver / los murciélagos de Austin

   Yo iba a Texas y veía los murciélagos de Austin.

¿Se te ha olvidado? The imperfect of ser

11 Fill in the blanks with the imperfect tense of **ser** to find out the answer to the following riddle.

Yo (1) _____**era**_____ un cantante muy famoso. Mi familia y yo (2) _____**éramos**_____

de Misisipi. De adulto vivía en Tennessee. Mi casa (3) _____**era**_____ muy grande.

Mis canciones de rock (4) _____**eran**_____ muy populares. Tú (5) _____**eras**_____

bastante joven cuando hicieron estampillas con mi imagen. ¿Quién soy?

Soy _____**Elvis Presley**_____.

¿Se te ha olvidado? The imperfect with mientras

12 Complete the following sentences to describe your day at school.

1. Yo estaba en la clase de español mientras mi mejor amigo/a _____*Answers will vary.*_____

   _____.

2. Yo hacía las tareas mientras mis vecinos _____.

3. Tú escribías en la pizarra mientras nosotros _____.

4. Mientras mi director/a comía en la cafetería yo_____.

5. Mientras llovía yo _____.

 **¿Se te ha olvidado?**   Preterite vs. imperfect

13 Combine the following elements to indicate what the members of the Ramírez family were doing when they were interrupted.

MODELO   José / hablar / por teléfono / María / llegar / a casa
José hablaba por teléfono cuando María llegó a casa.

1. La señora Ramírez / leer / el periódico / oír / un ruido
   La señora Ramírez leía el periódico cuando oyó un ruido.

2. Los niños / jugar / en el jardín / empezar / a llover
   Los niños jugaban en el jardín cuando empezó a llover.

3. El abuelo / dormir / el perro / saltar / encima de la cama
   El abuelo dormía cuando el perro saltó encima de la cama.

4. Darío / hacer / tarea / el vecino / llamar
   Darío hacía tarea cuando el vecino llamó.

5. Nosotros / ver / televisión / Luisito / apagar / las luces
   Nosotros veíamos televisión cuando Luisito apagó las luces.

6. Sara / tocar / el piano / su hermano / entrar
   Sara tocaba el piano cuando entró su hermano.

7. Yo / poner / la mesa / un vaso / caerse
   Yo ponía la mesa cuando se cayó un vaso.

14 Complete the following paragraph by filling in the blanks with the preterite or imperfect forms of the verbs in parentheses.

> **EXTRATERRESTRES VISITAN BOLIVIA PARA IR DE COMPRAS**
>
> El lunes pasado Manuel Duarte (1) _____**lavaba**_____ (lavar) su carro cuando
>
> (2) _____**vio**_____ (ver) un OVNI. La nave espacial (3) _____**era**_____
>
> (ser) muy grande y (4) _____**tenía**_____ (tener) miles de luces. El señor
>
> Duarte (5) _____**examinaba**_____ (examinar) la nave cuando la puerta se
>
> (6) _____**abrió**_____ (abrir) y dos hombrecitos (7) _____**salieron**_____ (salir)
>
> con bolsas de papel. Ellos sólo (8) _____**querían**_____ (querer) comprar ponchos
>
> de alpaca porque en su planeta (9) _____**hacía**_____ (hacer) mucho frío.

CAPÍTULO 12 Segundo paso

■ TERCER PASO

To say when you're going to do something, you'll need to use some specific expressions of time as well as **ir + a +** *infinitive*. You'll also need to be familiar with the subjunctive.

ASÍ SE DICE   Saying when you're going to do something

15 It's the beginning of June, and Inés is starting her summer vacation. Number the sentences 1 to 5 in the order the events will occur.

_____3_____ **a.** Dentro de un mes vamos a ir a la casa de mi abuela.

_____1_____ **b.** Voy a llamar inmediatamente a mis amigos para hacer planes.

_____5_____ **c.** Cuando vuelva al colegio voy a contarles de mis vacaciones a todos.

_____4_____ **d.** Para fines de agosto voy a comprar ropa para el primer día de clases.

_____2_____ **e.** La semana que viene mi familia y yo pensamos ir a la playa.

16 Complete the crossword puzzle using the clues below.

	¹v								²P				
³I	n	m	e	⁴d	i	⁵a	t	a	m	e	n	t	e
	e			e		l			r				
	n			n		g			a				
	e			t		ú							
			⁶p	r	o	n	t	o					
				o									

Horizontales

3. _____ significa *ahora mismo* o *muy pronto*.

6. La película va a empezar muy

_____ , dentro de cinco minutos.

Verticales

1. Estamos en julio. El mes que _____ es agosto.

2. _____ fines de diciembre vamos a esquiar.

4. _____ de un mes vamos a estar de vacaciones.

5. _____ día quiero viajar a España.

¿Se te ha olvidado? Ir + a + *infinitive*

17 Roberto is talking about what chores he and his family are going to do. Complete his sentences using **ir + a +** *infinitive* and a direct object pronoun.

MODELO   No pude lavar los platos. **Los voy a lavar** más tarde.

1. Luis no hizo la tarea. _____**La va a hacer**_____ cuando vuelva del gimnasio.

2. Ana y Luis no sacaron la basura. Mañana _____**la van a sacar**_____ .

3. Patricia y yo no regamos el jardín. _____**Lo vamos a regar**_____ el lunes que viene.

4. Ana no lavó los platos. _____**Los va a lavar**_____ pasado mañana.

5. Yo no ordené mi cuarto. Algún día _____**lo voy a ordenar**_____ .

6. ¿No compraste helado, mamá? ¿Cuándo _____**lo vas a comprar**_____ ?

18 Wendy answered a questionnaire about post-graduation plans. Based on her responses, write the questions she answered.

1. ¿ **Vas a vivir con tus padres** _____?
   No, no voy a vivir con mis padres.

2. ¿ **Quiénes van a pagar tus estudios** _____?
   Mis padres van a pagar mis estudios.

3. ¿ **Van a asistir a la universidad tú y tus amigos** _____?
   Sí, mis amigos y yo vamos a asistir a la universidad.

4. ¿ **Qué van a estudiar** _____?
   Vamos a estudiar la literatura española.

5. ¿ **Qué van a ser** _____?
   Vamos a ser maestros de español.

19 What do you think you'll be doing in ten years? Answer the following questions.

1. ¿Dónde vas a vivir?
   Answers will vary. _____

2. ¿En qué vas a trabajar?

   _____

3. ¿Cuánto dinero vas a ganar?

   _____

4. ¿Qué tipo de carro vas a tener?

   _____

5. ¿Cómo van a ser tus amigos?

   _____

VOCABULARIO   Future plans

20 Complete the following sentences based on your future plans.

1. Cuando termine las clases *Answers will vary.* _____

   _____ .

2. Cuando encuentre un empleo _____

   _____ .

3. Cuando tenga más dinero _____

   _____ .

4. Cuando llegue el otoño _____

   _____ .

Nota Gramatical   The subjunctive mood

In the phrase **cuando vuelva**, the verb **vuelva** is in the subjunctive mood. Notice that the **yo**, **él**, **ella**, and **usted** forms of the subjunctive are the same as the **usted** command form.

hablar → ¡**Hable** Ud. español!

Cuando **hable** mejor el español voy a ir a México.

---

21 In the blanks provided, list all of the subjunctive verbs in the following paragraph.

Dentro de un año me voy a graduar. Cuando me gradúe voy a trabajar con mi padre. Mi amiga Beatriz va a asistir a la Universidad de California inmediatamente. Cuando ella llegue a California va a vivir con sus tíos. Mi amigo Rodolfo va a viajar a Europa cuando termine las clases. Cuando regrese él, sin duda alguna va a hablar cinco idiomas. Yo también voy a aprender muchos idiomas cuando asista a la universidad. ¿Y cuándo voy a ir? Pues, cuando tenga más dinero.

1. _____ me gradúe _____   4. _____ regrese _____

2. _____ llegue _____   5. _____ asista _____

3. _____ termine _____   6. _____ tenga _____

Holt Spanish 2 ¡Ven conmigo!, Chapter 12